KB248303

____

안녕하세요. 30년 경력의 "일잘러" 김지현입니다.

그동안 65권의 책을 썼습니다. 이 외에도 다양한 보고서 작성을 포함한 수많은 글을 쓰고 있습니다. 처음에는 글쓰기가 무척 어려웠지만, 이제는 생각하는 모든 것을 글로 자유롭게 표현할 수 있게 되었습니다. "글쓰기 습관" 덕분입니다.

강연을 포함해 각종 회의와 보고 자리가 처음에는 무척 어려웠습니다. 하지만 수차례 시뮬레이션과 연습이 바탕이 되고서부터는 너무나 자연스럽게 즐길 수 있게 되었습니다. 여러분에게도 꼭 권하고 싶은 "말하기 습관"입니다.

저의 일터 모습입니다. 저는 5개의 모니터를 두고서 업무를 봅니다. 각 모니터별로 역할이 분명합니다. 저는 "업무 효율화"를 위해 다양한 기기와 기술들을 적극 활용하고 있습니다. AI도 마찬가지입니다. 오랜 경험에서 나온 "기술 도구를 활용하는 습관"입니다.

큰 기업에서 여러 프로젝트를 성공적으로 수행하면서도 집필과
강연을 꾸준히 이어온 것에는 저의 "일의 기본기"가 큰 역할을 했
습니다.

좋은습관연구소가 제안하는 61번째 습관은 "일의 기본기"를 담은 습관입니다. 30년간 IT 현장을 누빈 작가는 세상이 아무리 바뀌고 어떻게 된다 하더라도, 결국은 이것으로 승부를 본다고 말합니다. 바로 우리가 일터에서 매일 하는 "글쓰기", "말하기"를 비롯해서 회의를 하고 시간을 관리하는 "같이 일하는 법", "혼자 일하는 법"입니다. 작가는 AI를 이용하는 것에 있어서도 기본기가 바탕이 되어야 "일잘러"로서의 나의 본질을 잃어버리지 않는다고 말합니다. 이 책으로 여러분의 기본기를 점검해보길 바랍니다.

AI
시대에도
변하지
않는

基本技

김지현 지음

일의 기본기

좋은습관연구소

프롤로그

제가 하는 업무에 AI를 완전히 결합해서 사용한 것이 대략 2024년 6월부터입니다.

저는 앞으로 AI가 기업 내 직무 중심의 분업화된 조직, 그에 따라 순차적으로 진행되는 업무 프로세스, 나아가 의사결정 체계 등에 있어서 상당한 변화를 줄 것으로 확신합니다. 조직은 압착되고 업무 프로세스는 실시간으로 통합되며, 개인의 핵심 역량은 언제, 무슨 AI를, 왜, 어떻게 사용해서, 무슨 결정을 할 것인지에 대한 판단력과 오케스트레이션 능력으로 바뀔 것입니다.

중간 관리자나 스태프 조직이 메시지를 해석, 정리하

고 전달하던 역할을 AI가 대체하고, 리더와 현장, 기획과 실행, 회의와 착수 사이의 간극은 점차 짧아지며, 의사결정과 행동의 거리도 점점 가까워질 것입니다. 이런 상황에서 우리 개인은 앞으로 무슨 준비를 해야 할까요? 이 책은 바로 이 질문에서 시작되었습니다.

하나씩 살펴보겠습니다.

AI 기술이 본격적으로 도입되면, 지금까지 당연하게 여겨졌던 역할과 구조는 더 이상 유효하지 않을 것입니다. 30년 전의 사무실과 공장이 지금과 다르듯 앞으로 그 변화는 훨씬 더 극적일지 모릅니다.

조직적으로 가장 두드러진 변화는 "중간관리자의 역할 축소"입니다. 정확히 말하면, AI를 잘 활용하는 경영진과 그렇지 못한 관리자 및 직원 간의 역량 차이가 점점 뚜렷해질것입니다(최상급 관리자와 직원만 남는, 그래서 중간관리자가 사라지는). 이는 중간관리자뿐만이 아니라, 부서 간 정보를 정리하고 분석하던 스태프 조직에도 적용됩니다. 즉 스태프 조직도 사라질 수 있다는 뜻입니다.

개인은 업무 진행을 위해 여러 부서와 연락하고 자료를 요청하며 시간을 소모하던 것에서, AI를 이용해 정보 탐색과 분석을 실시간으로 진행하며, 나아가 의사결정까지도 한 번에 할 수 있게 되었습니다(정보의 취득과 의사결정이 한 번에). 그 결과 혼자 처리할 수 있는 일의 폭이 넓어지면서 AI를 어떤 목적과 방식으로 활용할 것인지 판단하는 오케스트레이션 능력이 핵심 역량이 되었습니다.

이제 중요한 것은 AI에게 무엇을 질문하며, 무엇을 얻어낼 것인가를 아는 능력이라고 할 수 있습니다. AI가 아무리 발전해도 여전히 인간이 내려야 할 결정은 존재하며, AI가 만든 결과를 이해하고 실행 가능한 형태로 연결하는 역량은 계속해서 중요하게 다뤄질 것입니다. 그리고 이 문제를 풀기위해서는 우리의 말하기, 쓰기 능력도 새롭게 다듬어질 필요가 있습니다.

저는 이 책에서 "AI 시대에도 변하지 않는, 일의 기본기, 일 잘하는 습관"을 정리했습니다. AI에 대한 의존이 심해질수록 기본기에 대한 중요성이 더 부각되고 있습니다. 이 책이 변화에 직면한 모든 사람에게 도움이 되기를 바랍니다. 이 땅의 모든 일하는 사람들에게 바칩니다.

지난 30년은 앞만 보고 쉼 없이 달려온 시간이었습니

다. 지금까지 세상에 대한 호기심과 스스로의 열정이 일의 동력이었다면, 앞으로는 가족(JW, BJ)이 그자리를 차지할 것입니다. 그런 점에서 특히 범준이에게 이책이 많은 도움이 되었으면 합니다. 그리고 앞으로 AI와 함께 살아갈 이 시대의 또다른 청년들에게도 큰 영감이 될 수 있기를 바랍니다.

IT 테크라이터 김지현 with BJ(Cole) & JW

oojoo@hanmail.net

목차

2부.   기본기를 키워주는 AI 활용

나의 이야기

1993년 3번의 도전 끝에 연세대학교 금속공학과에 입학했다. 막연히 이공계를 가야 한다 정도만 있었지, 그 이상도 그 이하도 아니었다. 그러니 어렵게 들어간 학교였지만, 공부에 흥미가 있을 리 없었다. 이런저런 동호회를 기웃거리다 자연스럽게 컴퓨터에 눈이 갔다. 그리고는 완전히 몰입했다.

그게 어느 정도였느냐면, 학교에 조차 가지 않았을 정도였다. 일주일에 이틀 정도만 학교에 갔고, 1학년 두 학기를 내리 학사 경고를 맞고, 이듬해에 군에 입대했다. 제대 이후 복학을 하고 잠시 학업에 집중한 적도 있었지만, 정파(전공 공부)보다 사파(컴퓨터 공부)에 관심이 가는 건 어쩔 수 없었다. 학교 공부보다 하이텔과 천리안, 나우누리 등의 PC 통신과 사설 BBS(게시판)에서 활동하는 것에 더 시간을 쓰기 시작했다.

그 세계에서 오랜 시간 활동을 하다보니 서서히 주목을 받기 시작했다. 그러다 하이텔에 연재하던 글을 본 어느 출판사의 제안으로 1996년 <컴퓨터 119>라는 책을 처음 출간했다. 당시 용산 조립 PC와 중소 컴퓨터 제조업체들의 PC가 보급되면서 컴퓨터 고장 수리에 대한 요구가 빗발치던 때였다. 이후 <인터넷 119>라는 책도 썼다. 특히 1998년 냈던 <컴퓨터 조립+수리 쉽게 배우기> 책은 종합 분야에서 베스트셀러가 되기도 했다(그로부터 지금까지 30년간 65권의 책을 썼다).

책은 자연스럽게 강연을 불렀다. 1998년 가을 처음으로 KBS 연수원에서 주 5일 매일 7시간씩 컴퓨터 조립과 수리와 관련된 강의를 했다. 강연은 이후 다른 기업이나 기관으로까지 이어졌다. 그렇게 책을 낸 필자로서 그리고 강사로서 몇 년을 활동했다.

외부 활동이 많아지는 만큼, 자연스레 학교 공부와는 멀어져 갔다. 주변 동기들이 모두 졸업을 할 즈음 나는 계절 학기를 들으며 학점 채우기에 바빴다. 결국 입학도 늦었지만 졸업도 늦어졌다.

커리어에 대한 고민도 시작됐다. 언제까지 프리랜서 강사 생활을 할 순 없다고 생각했다. 기업에 입사해서 좀 더 영향력을 줄 수 있는 큰일을 해보고 싶었다. 당시는 전 세계적으로 닷컴버블이 불 만큼 IT 시장이 성장해나가던 때라 내가 가진 경험과 지식을 필요로 하는 곳이 많았다.

2000년 작은 스타트업에서 사회생활을 시작했다. 회사는 말 그대로 이제 시작하는 조직이었다. 직장 생활 경험이 짧은 젊은 직원들이 대다수였고, 업무 보고나 결재 등 시스템이란 게 존재하지 않는 회사였다. 지금처럼 다양한 IT 서비스가 존재해서 일을 도와주는 것도 아니었다.

이때부터 나만의 일하는 습관이 빛을 발하기 시작했다. 주어진 일을 그냥 기계적으로만 열심히 하고 성실히 하는 것을 넘어 "어떻게 하면 구조적으로 더 체계화해서 일할 수 있을까?"를 고민하기 시작했다. 오랫동안 혼자 일하며 쌓은 업무 경험과 주도성이 씨앗이 되어주었다.

동료들과 계획을 세우고 업무 진행 사항을 공유하고, 업무 지시와 보고를 하고, 사업 목표를 정하고, 실행하기 위한 전략을 세우고, 진척도를 점검하며 전술을 수정 보완해 가는 등 좀 더 크고 넓은 업무 경험을 쌓았다. 재미있었다. 프로 '일잘러'(일 잘하는 사람)가 되어가고 있었다. 특히, 직장 생활 전부터 강사로서 야전에서 직접 경험한, 쓰고 말하는 습관은 보고서 작성과 각종 발표 등에 직접적인 도움을 주었다.

물론 이런 기본기가 직장인이 갖춰야 할 역량의 전부

는 아니었다. 비즈니스 문제를 정의하고, 이에 대한 해결안을 도출하고, 관련된 이해관계자와 대표를 설득하고, 실제 일을 실행하며 발생하는 수많은 변수를 예측하고, 이를 극복해가는 전략과 전술을 수행하는 등, 업무 전 과정에 대한 경험과 능력도 필요했다.

첫 직장과 몇 번의 이직을 거치면서 하나씩 내 것으로 만들기 시작했다. A부터 Z까지 스스로 업무 체계를 구축하고, 솔선수범으로 업무를 주도하고 관리하는 개인기를 갖추고, 시장을 이해하고 고객의 니즈를 분석하고 상품을 기획하는 등 비즈니스 역량도 함께 다져갔다. 일잘러로서 좋은 습관이 만들어지고 있었다.

그무렵 점점 더 커져만 가는 IT 산업을 보면서 좀 더 큰 포부를 갖기 시작했다. 적어도 대한민국 전 국민이 사용하는 인터넷 서비스, 부모님과 친구들에게 말만 하면 누구나 알 수 있는 그런 서비스를 개발하고 운영하고 싶었다.

2005년 12월 다음커뮤니케이션에 입사했다. 그곳에서 한메일 익스프레스를 운영했다(현재의 다음 메일). 이후 다음 지도와 마이피플 등 모바일 서비스 총괄을 시작으로 다음 서비스 전체를 기획하는 역할을 담당했다. 다음에서는 매년 새로운 도전 과제를 맡았고, 세상에 없는 것을 처음으로 시도하는 행운을 누렸다. 개인적으로는 직원으로 시작해 임원으로까지 성장하는 경험도 할 수 있었다.

바쁜 직장 생활이었지만 책 집필과 강연도 멈추지 않았다. 2011년부터는 3년 동안 카이스트 정보 미디어 경영대학원에서 겸직 교수를 하기도 했다.

당시 여러 사람들이 어떻게 그 많은 일을 차질 없이 해낼 수 있느냐는 질문을 많이 했다. 일찍이 프리랜서(지금으로 얘기하면 1인 기업)로서 독자적으로 일을 설계하고 진행한 경험, 작은 기업과 큰 기업 등 다양한 환경의 조직에서 일한 경험이 큰 도움이 되었다.

2013년부터는 SK에서 근무를 시작했다. 다음과는 또 다른 곳이었다. 실물을 다루는 기업이었다. SK플래닛에서 약 5년간 커머스 전략실 실장을 맡아 OK캐시백 디지털 트랜스포메이션과 시럽월렛 등의 핀테크 사업, 11번가 리테일 사업본부장, 그리고 빅데이터 전문 조직인 BI 추진단장과 신규 사업 부문장을 역임했다. 이후 2018년부터는 SK경영경제연구소에서 IT 산업 트렌드를 전망하는 연구를 하면서 SK그룹 전체의 디지털 트랜스포메이션과 AI 사업에 도움을 줄 수 있는 기술 혁신 방안을 정리했다. 2022년에는 SK텔레콤의 에이닷 PMO, 2024년에는 SK mySUNI의 CIO를 역임하면서 연구 업무 외에도 다양한 그룹 프로젝트를 담당했다.

지난 30여 년의 직장 생활을 떠올려보면, 한마디로 혼자 일하고, 동료와 함께 일하고, 좀 더 크게 일하며, 체계적으로 일하는 습관을 꾸준히 업데이트한 시간이었다. 동시에 대학생에서 프리랜서로, 스타트업 직원에서 대기업 임원으로, 계속적인 변화와 성장을 경험한 시간이기도 했다.

무척 다이나믹하게(?) 일했던 내가 매번 변화를 선택할 때마다 적용하던 공식이 있다. 그것은 "지금 내가 하는 일을 더 이상 할 수 없게 되었다고 생각하고 앞으로 무엇을 할 것인지 선택하자"였다. 즉 돌아갈 곳(단순히 직장만을 말하는 것은 아니다)이 없도록 배수의 진을 치고서 앞으로 무엇을 할 것인가를 생각하고 선택했다.

더 이상 컴퓨터 조립과 수리를 사람들이 필요로 하지

않을 때 내가 가야할 길은? 더 이상 PC 기반 서비스를 사람들이 이용하지 않을 때 내가 가야 할 길은? 더 이상 스포츠 경기를 TV에서 보지 않을 때 내가 가야 할 길은? 작고 소소한 의사결정을 스스로 하지 않고 기계에게 맡기는 것이 더 효율적이라는 것을 사람들이 알기 시작할 때 내가 가야 할 길은 무엇일까를 고민했다. 그리고 단 한 번도 나의 선택을 후회하지 않았다. 매번 목표하던 성과를 낸 것은 아니지만, 누구보다 즐겁고 다양하게 많은 일을 했다.

여전히 나는 사람들로부터 같은 질문을 받는다. "도대체 그 많은 일을 어떻게 그렇게 잘 해낼 수 있나요?" "어떻게 그렇게 회사 생활을 잘 할 수 있나요?" 이 책은 이런 질문에 대한 답이라고 할 수 있다.

지난 30년 동안 일하며 내가 몸으로 겪고 터득한 나만의 일하는 습관을 정리했다. 앞서 설명한 것처럼 상상도 할 수 없을 정도로 변화가 많았던 지난 30년의 세월을 이겨낸 기본기다. PC 시절부터 모바일을 거치고 AI까지 숨가쁘게 변화를 거듭하는 과정에서도 줄기차게 요구되고 단 한 번도 바뀌지 않은 일잘러의 습관이다.

　　AI로 인해 일하는 문화 그리고 기업의 조직체계에 커다란 변화가 예상되고 있는 와중에, 직장 생활 경험이 적은 청년들에게 기본이 무엇이고 기본을 닦기 위해 무엇을 해야 하는지를 정리해보았다. "나의 기본기"를 참고 삼아, 여러분의 기본기를 만들어갔으면 한다. AI시대가 와도 변하지 않는 일의 기본기는 누구나 가질 수 있다.

나의 기본기

직장 생활 27년 차, 작가로서는 31년 차, 강사로서는 29년 차인 "나"는 일에 있어서 프로다. 출판사, 강의 에이전시 그리고 회사에서 늘 나를 표현하는 수식어는 "스마트 워커", "시간관리의 달인", "프로 일잘러" 등이다.

사실 처음부터 그렇게 일에 최적화된 것은 아니었다. 1995년 책을 쓰고, 1998년 강연을 하고, 2000년 회사 입사를 한 이후, 대략 5년 동안은 누구나 그렇듯 우여곡절과 좌충우돌의 시행착오 시간을 보냈다. 그러다 2005년부터 비로소 일에 익숙해지고, 나만의 업무 공식을 만들기 시작했고, 2010년부터는 이를 업무에 적용해가면서 일을 보다 효율적으로 그리고 효과적으로 할 수 있는 나만의 루틴을 만들어 왔다.

그렇게 만들어진 나의 일 잘하는 습관 중 가장 핵심이 되는 10가지를 정리했다. 20대에 막 취업해 신입사원으로 일을 시작하는 직장인, 몰리는 업무에 야근과 싸우는 30대 팀장, 40대에 벌써 명퇴와 희망퇴직을 고민하는 부장, 그리고 퇴직 이후의 삶을 고민 중인 임원, 창업으로 회사를 책임져야 하는 대표. 이들 모두가 좀 더 능률적으로 일할 수 있도록 나만의 사회생활 기본기를 제시했다.

어떤 일이든 가장 먼저 해야 할 일은 질문을 던지는 것이다. 질문의 시작은 "왜"다. "지금 내게 주어진 이 일은 무엇에 쓰는 걸까? 그리고 왜 해야 하는 걸까?" 나는 이 질문에서 모든 것을 시작했다.

여기서 말하는 "왜"라는 질문은 업(業)이나 직업에 대한 거창한 질문이 아니다. 그저 지금 내게 주어진 이 일을 잘 해내기 위한 질문일 뿐이다.

"왜 나에게 이 일이 맡겨졌을까?" "나 외에도 다른 많은 직원이 있는데, 왜 굳이 내게 맡긴 것일까?" "이 일은 왜 필요한 것일까?" "이 일이 상사에게 그리고 회사에는 왜 중요하고 필요한 것일까?"

"왜"에 대한 답을 찾기 위해서는 나에게 일을 준 사람에게 물어야 한다. 일의 배경과 취지, 목적, 그리고 우리 부서에서 나에게 이 일을 지시한 이유 등을 물어야 한다. 이를 제대로 파악하고 이해해야 의도에 맞게 일을 잘할 수 있다.

일의 의미와 이유를 알았다면, 그다음에는 누구의 도

움을 받아 어떻게, 언제까지 처리할 것인지 스스로에게 물어야 한다. 또 어떤 내용을 담아야 본래 취지에 맞게 완성할 수 있는지도 질문해야 한다. 만약, 아무런 질문 없이 그냥 시킨대로만 일을 처리한다면, 그것은 마치 소처럼 묵묵히 일하는 것과 다르지 않다. 하지만 질문을 던지고 답을 찾아간다면, 그 일을 더 잘 해내는 것은 물론이고, 보다 입체적인 사고 역량도 키울 수 있다.

"사내 챗GPT 도입 방안에 대해 보고하라"는 지시가 내려왔다고 해보자. 나는 무슨 질문을 해야 할까? 해볼 수 있는 질문을 리스트업 해보았다.

①HR이나 DT(디지털 전환) 부서도 있는데, 왜 전략팀 소속인 나에게 이 지시를 내린 걸까? ②챗GPT와 같은 AI 서비스를 왜 사내 도입 검토를 하는 걸까? ③챗GPT가 도입되면, 동료들은 이 도구를 왜 사용해야 하는 걸까? ④도입 시 예상되는 리스크와 필요한 투자, 구축 방안에는 어떤 것이 있을까? ⑤도입이 실질적인 성과로 이어지려면, 어떤 준비와 활용이 필요한 걸까? ⑥어느 부서 누구와 협의하고, 언제까지 보고해야 할까? ⑦최종 보고서에는 어떤 내용을 포함하며, 보고서 포맷과 파일

형태는 어떻게 구성하는 것이 좋을까?

사실 이런 질문은 업무 진행하는 전 과정에서 늘 해야 한다. 처음 이 일을 시작할 때 생각했던 가설과 일을 해나가는 중간에 무엇이 달라졌으며, 왜 달라졌는지, 처음에 생각했던 변수들이 지금은 어떻게 바뀌었는지, 1차 중간보고 과정에서 왜 상사는 처음과 다른 말을 하는지 등. 중간중간 계속해서 질문을 던지며, 앞서 내린 답과 비교하며 재차 확인해야 한다.

일을 시킨 사람의 질문이 아니라, 일을 해나가는 나의 질문으로 미션을 수행해야 자가발전이 이루어진다.

두 번째, 일의 조망을 잊지 않는다

나는 일을 시작하기 전에 무작정 달려들지(실행하지) 않고, 우선 멀리서 높은 위치에서 그 일을 바라본다. 눈앞에 닥친 일을 당장 하는 것이 아니라 한 발짝 떨어져 일의 성격을 규정해본다.

시킨 일을 무조건 덤벼들어 처리하다 보면, 일의 근본

목적에서 벗어나 헛발질할 확률이 높아진다. 또 처음에는 빨리하는 것처럼 보이지만, 중간에 예기치 못한 문제에 봉착하면, 허둥대다가 실수할 확률이 높다. 그러면 안 써도 될 시간을 더 쓰게 된다.

높은 위치에서 일을 바라본다는 건 어떻게 하는 걸까? 먼저, 이 일이 누구에게 왜 필요한 것인지부터 따져봐야 한다. 그리고 최종 산출물이 누구에게 어떤 가치를 창출하는지도 알아야 한다. 그래야 업무 방향을 올바르게 설계하고, 목적에 맞게 내용을 준비할 수 있다. 즉 최종 보고자의 관점을 이해하는 것에서부터, 회사의 시각에서 업무의 목적을 되짚어본 후 위에서 아래로 그리고 이쪽에서 저쪽으로 바라보며 일의 순서를 점검하는 것이다.

이를 업무 시작 전 반드시 점검해야 할 여섯 가지 체크 포인트라고 해보자.

①업무를 전개하는 과정에서 어려움에 봉착할 경우, 어느 부서의 누구 혹은 외부의 누구로부터 도움을 받을 수 있는지 리스트업해둔다. 보안 등의 이슈로 도움받기가 어려운 사람이 있는지도 살펴본다. ②최종 마감일이

언제인지, 그리고 진행 중인 다른 업무와 우선순위를 고려할 때, 마감일에 맞추려면 어떤 조정이 필요한지를 점검한다. 경우에 따라서는 보고서의 퀄리티나 내용 구성 중 생략 가능한 요소가 무엇인지도 함께 확인한다. ③보고를 통해 상대에게 전달하고자 하는 메시지가 전혀 몰랐던 새로운 사실인지, 혹은 이미 알고 있는 내용을 다른 관점에서 해석하고 시사점을 도출하는 것인지, 방향을 분명히 한다. ④보고서는 워드, 엑셀, 파워포인트 등 어떤 포맷이 적절한지 고려한다. 또한 메시지 전달을 위해 문서 포맷이 나은지, 발표 형태가 나은지도 함께 점검한다. ⑤비대면 보고서 전달인지, 대면 발표인지, 또 참석자 범위는 어떻게 구성하는 것이 좋은지 등을 고려해서 보고 방식의 적절성을 판단한다. ⑥보고서를 마무리할 때 전체 내용을 한 장짜리 페이퍼로 요약한다면, 어떤 내용으로 정리할 수 있을지 점검한다. 그리고 본 업무를 진행하면서 느낀 점이나 제언을 보고한다면, 어떤 메시지를 담을지도 고민한다.

이 여섯 가지는 일을 시작하기 전에는 물론이고, 일을 진행하는 중간 과정에서도 수시로 점검하고 리뷰한다.

업무 시작 전에 조망하고 체계적으로 스케치해보는 습관은 업무를 효과적으로 수행하고 결과의 완성도를 높이는 강력한 무기 역할을 한다.

세 번째, "오늘의 할 일"을 시뮬레이션부터 한다

하루를 시작하면서 해야 할 일을 점검하는 것은 가장 기본적인 나의 업무 루틴이다. 마치 "오늘 날씨가 어떻지?" "버스가 어디쯤 왔지?" "택시를 불러야 하나?" "점심은 뭐 먹지?" 이런 것들을 늘 생각하는 것처럼, 오늘 해야 할 업무에 대해서도 전날 업무 마감을 하며, 혹은 아침 출근길에, 루틴처럼 머릿속으로 떠올리고 점검한다.

"언제, 어디서 무슨 회의가 있지?" "미팅 주제가 뭐지?" "오늘 처리해야 할 업무나 과제가 뭐지?" 이런 것들을 생각한 다음, 반드시 해야 하는 "오늘 할 일"을 머릿속으로 시뮬레이션해본다. 만일 미팅이 있다면 회의 장소를 떠올려보고, 참석자들의 얼굴을 그려본다. 내가 어떤 말을 할지, 누가 어떤 질문을 할지 미리 상상해보기도 한다. 단, 이 시뮬레이션은 상당히 구체적이어야 한다. 실제 사람들의 표정과 반응을 떠올려봐야 하고, 어떤 질문을 할지 그 사람의 말투와 제스처까지 떠올려봐야 한다. 실제 회의실의 공간, 자리 배치, 발표할 자료 하나하나 등을 디테일하게 상상해봐야 한다.

보고가 있다면, 보고 시간 얼마 전에 어디로 가며, 어떤 자리에 앉아서 혹은 일어서서 발표하는지를 상상한다. 노트북에 프로젝터를 연결해서 미리 준비한 프레젠터를 눌러가며 회의실에 앉아 있는 사람들 각각을 떠올리며 발표하는 장면을 머릿속으로 시뮬레이션한다. 어떤 키워드를 강조해서 보고할 것인지, 발표는 몇 분 정도에 끝내고, 이후 질문을 어떻게 유도할 것인지 등을 떠올린다.

이렇게 시뮬레이션해보면 빠뜨린 것, 추가할 것이 보인다. 그리고 어떻게 처리해야 더 큰 성과를 낼 수 있는지도 생각해보게 된다. 이런 과정이 반복되면, 내 시야는 점차 내일, 이번 주, 다음 주, 나아가 이번 달, 다음 달, 올해와 내년까지로 확장된다.

그런데 대부분 직장인은 할 일 목록만 열심히 기록하

지, 이를 시뮬레이션해보고 상상하는 일은 잘 하지 않는다. 즉 한 발짝 더 나가지를 않는다. 그러다 변수를 만나면 시간에 쫓기거나, 어떻게 해야 할지 고민하느라 시간을 다 쓴다. 그리고 닥쳐서 해결한 만큼 품질도 떨어진다.

정리하면 이렇다. 오늘의 할 일을 목록화하는 것에만 그칠 것이 아니라 시뮬레이션이라는 구체화에 조금 더 집중해 보는 것이다. 여기저기(이 앱, 저 앱, 이 수첩, 저 수첩) 할 일 목록을 만들지 말고, 캘린더 앱 하나만 딱 활용해서 오늘의 할 일을 메모하고, 퇴근(전날) 전에 혹은 아침에(당일) 머릿속으로 시뮬레이션해보자. 그렇게 시뮬레이션이 반복되면, 더 이상 상상이 필요 없을 정도로 자동 습관이 되어 누구보다 계획적으로 빠르게 업무를 시작하고 마칠 수 있다.

네 번째, 낭비되는 자투리 시간을 놓치지 않는다

재능은 성실을 이길 수 없고, 성실은 끈기를 이겨내지 못한다. 수십 년 동안 떨어지는 물방울이 바위를 뚫듯, 멈추지 않는 도전은 업적과 역량으로 이어진다. 단, 그러기 위해서는 마중물(시간 투자)이 필요하다. 역량 개발이나 업무 성과를 높이는 데 온전히 투자하는 시간 말이다.

하지만 바쁜 직장인이 역량 개발에 필요한 시간을 확보한다는 것은 회사에서 보장해주지 않는 이상 쉬운 일이 아니다. 독서가 중요하다는 것은 알지만, 회사에서는 일하느라, 집에서는 하루의 고단함을 취미 활동으로 푸느라, 책 볼 시간이 없다. 그냥 그렇게 하루를 시작하고 끝내는 것이 우리의 모습이다.

결국 별도의 시간을 내는 것이 아니라, 하루 동안 버려지는 자투리 시간을 찾아내는 것이 중요하다. 잘 살펴보면 수돗물 새는 듯 조금씩 흘러가거나 불필요하게 낭비되는 시간을 발견할 수 있다. 그 시간을 모아 마중물로 만들어야 한다.

알람 소리를 듣고도 뭉그적거리며 침대에서 잠과 사투를 벌인 시간, 출근 후 흡연이나 잡담으로 놓친 시간, 멍하니 책상에 앉아 졸음을 쫓느라 사라진 시간, 연예 기사나 주식 정보를 기웃거리다 사라진 시간, 굳이 안 봐도 될 SNS 쇼츠를 보느라 낭비한 시간 등 각자에게 낭비적인 시간은 다르겠지만, 그것이 무엇이든 다 합쳐서 따져 보면 하루 한 시간 정도는 된다.

내 경우 자투리 시간은 운전하는 차 속에서 보내는 출퇴근 시간이나 회의 전 참석자를 기다리는 시간, 수시로 SNS를 들여다보는 시간 등이다. 이런 시간을 최소화하기 위해 자가운전보다는 대중교통을 이용하고, 의도적으로 스마트폰을 보는 시간을 줄인다. 실제 나는 업무에 집중을 할 때는 스마트폰을 집중 모드로 해둔다. 그러면 확실히 손에 들고 무의식적으로 들여다보는 것을 덜 하게 된다.

"뭘 그렇게 빡빡하게 살아야 하나?" 그런 생각이 들 수도 있다. 하지만 이런 작은 것을 허투로 하지 않고 평소의 습관으로 만들어야 남들과 차이가 나는 역량을 쌓을 수 있다.

남들은 평생 책 한 권 쓰기도 힘들어하지만, 나는 지금껏 여러 권을 썼다. 아인슈타인의 천재성을 타고난 것도 아니고, 따로 글쓰기 공부를 한 것도 아니다. 오직 엉덩이로만 썼다. 꾸준히 시간을 갈아 넣고 또 넣어야 결과가 만들어진다. 10년을 꾸준히 도전하며, 남들이 자고 놀

때, 책상 앞을 떠나지 않고 쓰고 또 썼기 때문에 가능한 일이었다. 결코, 하루 아침에 그냥 만들어지는 것은 없다.

다시 한번 얘기하지만, 최우선 마중물은 시간의 투입이다. 그리고 그 시간은 어떻게든 만들어야 한다. 회사 업무 시간은 내가 어떻게 좌지우지할 수가 없다. 내가 온전히 재량권을 갖고 컨트롤할 수 있는 것은 이 일, 저 일 사이의 버려지는 자투리 시간뿐이다. 그 시간을 어떻게 쓸지는 나중에 고민해도 된다. 일단은 시간 확보부터 해야 한다.

다섯 번째, 캘린더를 활용해 업무 복기를 한다

지금의 나를 있게 한 단 하나의 습관을 대라면, 단연코 "시간 관리"다("시간 확보"와는 또 다른 개념이다). 나는 시간 관리에 있어서만큼은 누구보다 타의 추종을 불허한다고 자부한다. 비법은 어제, 지난주, 지난달, 지난 한 해를 어떻게 살았는지 과거의 시간을 돌아보는 "복기"에 있다.

모름지기 현명한 스케줄 관리는 내일 무엇을 할지 계획하는 것이 아니라, 지난 시간을 어떻게 살았는지를 돌아보는 데서 시작된다. 시간을 어떻게 사용했는지 돌아보며 부족함이나 아쉬움을 느껴야, 같은 실수를 반복하지 않는다.

시간 복기를 위해 필요한 것이 있다. 바로 캘린더다. 사람들은 통상 캘린더를 "오늘 무슨 미팅이 있지?", "내일은 어떤 회의가 있더라?"처럼 앞으로의 시간 계획 관리 도구로만 사용한다. 물론 그것이 일반적인 시간 관리법이긴 하다. 하지만 그렇게만 사용하는 캘린더는 휘발되기 쉽고, 내 역량으로 축적되지 않는다.

어제보다 더 나은 내일을 만들려면, 어제의 나를 돌아볼 수 있어야 하는데, 그러기 위해서는 기록이 필요하다. 내가 어떻게 살아왔는지를 기록해야 그것을 보고 반추할 수 있다. 그렇다면 어디에 기록해야 할까? 바로 캘린더다. 굳이 새로운 도구나 추가 작업을 할 필요는 없다.

앞에서도 얘기했지만 새로운 툴이 나왔다고 해서 여기저기 옮겨 다니며 기록하게 되면 일관성과 체계성이 사라져 버린다. 기록은 한 곳에 누적될 때 힘을 발휘한다. 그래서 이미 쓰고 있는 캘린더에 추가하면 된다. 단, 아래 두 가지 원칙만 더해보자.

첫째, 캘린더에 기록할 때 색상으로 항목을 구분해보자. 카테고리를 구분해서 입력하는 방식이다. 예를 들어 회의, 보고, 외근 등을 나누고, 자기계발을 위한 학원 수강이나 공부를 나누고, 친구들과의 약속, 회식, 가족과의 이벤트로 분류한다. 그런 다음, 색상을 다르게 지정한다.

이렇게 해두면 내가 어떻게 살아왔는지를 한눈에 파악할 수 있다. 저녁에 놀러 다닌 시간이 많았는지, 회의가 한 주에 몇 번 있었는지, 가족과 보내는 시간은 얼마나 되는지, 자기계발에 투자한 시간이 얼마였는지 등을 금방 확인할 수 있다. 과거를 돌아볼 수 있는 가장 빠른 방법이다.

둘째, 캘린더 스케줄에 "그 이후" 내용을 함께 기록하는 것이다. 무슨 얘기냐 하면, 단순히 스케줄 제목, 장소, 시간만 기록하는 것이 아니라, 해당 일정에서 무엇을, 왜, 무슨 논의가 있었는지 구체적인 내용을 같이 채워넣는 방식이다. 어떤 결론을 냈는지, 느낀 점은 무엇이었는지 등을 함께 적어두는 것이다.

이렇게 기록된 내용은 훗날 해당 업무를 돌아볼 때 큰 도움이 된다. "작년 3월 10일 회의에서 무슨 결론이 났더라?", "그때 무슨 논의 끝에 어떤 결정을 했지?" 같은 질문에 대해 기록(메모)을 통해 쉽게 복기할 수 있다. 과거를 다시 떠올릴 수 있어야, 비슷한 주제로 이어지는 다음 회의나 업무에서 더 효과적인 실행 전략과 통찰을 얻을 수 있다.

나는 한 달에 두 번가량은 이렇게 정리된 캘린더를 살펴본다. 이번 달, 지난달 그리고 작년에 어떻게 살아왔는지를 훑어 보는 것이다. 작년 3월 대비 올해 3월은 얼마나 바쁘게 살았는지, 어떤 회의와 업무 스케줄이 많았는지 비교하면서 나의 과거를 복기한다. 또한, 누구와 저녁 식사를 했는지 얼마나 자주 했는지, 만나서 무슨 이야기를 나눴는지 수시로 확인한다. 그렇게 과거를 통해 내일을 어떻게 살아야 할지를 점검하고 돌아보는 시간을 갖는다.

이 두 가지 복기 원칙만 잘 지킨다면, 스케줄 관리 습관이 큰 깨달음을 얻는 습관으로 바뀔 수 있다.

여섯 번째, 10분 만에 처리할 수 있는 일부터 끝낸다

일이란 학교처럼 시간표가 있어 정해진 시간에 단 하나의 수업만 듣는 식이 아니다. 늘 끝도 없이 중첩되어 들어온다. 이 일 하고 있는데, 저 일이 치고 올라오는 식이다. "쏟아지는 일에서 무엇을 먼저 하고, 무엇을 미뤄야 할까?", "그 기준은 무엇일까?" 많은 직장인이 매일 같이 하는 고민이다.

내 경우 "즉시 확인 가능한 시스템"이라는 걸 만들어둔다. 즉 해야 할 일을 날짜별로 언제든지 한눈에 확인할 수 있도록 정리해두는 것이다. 오늘 어떤 일을 해야 하는지, 내일은 무엇이 있는지, 다음 주에는 어떤 업무가 있는지를 한눈에 볼 수 있도록 하는 시스템이다.

이를 위해서는 업무 관리 앱을 사용해도 좋고, 캘린더 앱에서 제공하는 기능을 활용해, 날짜별로 해야 할 일을 기록하는 것도 괜찮다. 핵심은 한곳에 모아두고, 언제든 확인 가능한 상태로 관리하는 것이다. 나는 구글 캘린더와 지메일을 함께 사용한다(구글 워크스페이스 이용해 회사 메일을 연동해서 사용한다면 좀 더 편하다). 지메일 화면에서 측면(오른쪽) 패널을 활성화하면, 캘린더와 할 일 목록인 태스크(Task)를 체크하고 관리할 수 있다. 그리고 메일이나 구글 독스 문서 등의 관련 내용의 페이지 URL를 태스크에 기록해 둘 수도 있어서 나중에 빠르게 확인할 수 있다.

아무튼 이렇게 캘린더를 통해서 매일 해야 할 일을 눈으로 보게 되면, 가끔은 "이 많은 걸 언제 다하나?"하는 생각이 들 때가 있다. 이때가 업무 조정이 필요한 타이밍이다. 앱을 통해서 현재 상태를 파악할 수 있어야 새로운 일에 대한 대응이 가능하며, 지금 하고 있는 일과 비교해 어떤 것을 미루고 무엇을 먼저 해야 할지를 결정할 수 있다. 한마디로 균형감 있는 진단이다.

이제 업무 우선순위에 대한 나의 결정 기준을 설명해 보겠다. 내가 내세우는 최우선 기준은 하나다. 바로 "10분 이내에 끝낼 수 있는 일인가?"다. 무슨 일이든, 당장 10분 이내에 끝낼 수 있는 거라면 가장 먼저 처리한다. 설령 그 일이 모레나 다음 주에 해도 되는 일이라도 가장 우선해서 끝내 버린다. 업무나 시간 관리 관련해서 복잡한 다른 원칙은 기억하지 못하더라도, 이 원칙만 지켜도 정말 많은 일이 줄어들고, 효율적인 시간 활용이 가능하다. 왜 그럴까?

당장 처리 가능한 일을 없애버리면, 무엇보다 전체 할 일이 확 줄어든다. 우리 업무는 이러한 잔잔한 업무들이 전체의 80%를 차지한다. 양적으로 일이 줄어들면 심리적으로도 부담이 덜 되고 혼란도 줄어든다. 그리고 일을 시켰던 사람 입장에서는 예상보다 빠른 업무 처리에 놀라게 된다. 그리고 놀람은 곧 "이 사람, 일 잘하네"라는 평판으로 이어진다. 이렇게 만들어진 긍정적인 소문은 스스로 "나는 빠르고 효율적으로 일처리를 하는 사람"이라는 잠재의식을 갖도록 도와준다. 결과적으로 나의 업무 태도를 더욱 강화시켜준다.

"10분 만에 할 수 있는 일 우선 처리", 그 다음으로 고려할 기준은 "중요도"와 "긴급성"이다. 중요도는 그 일이 회사에 끼치는 영향도를 뜻하고, 긴급성은 마감일을 반드시 지켜야 하는지 여부를 말한다. 그리고 이것과 함께 고려해야 하는 것은 일을 시킨 사람이다.

얼마나 중요하고 급한 일인지는 일을 요청한 사람과 상사가 가장 잘 안다. 내가 자의적으로 판단해서 정하는 것이 아니다. 중요도와 긴급성 판단은 업무 전체를 관리하는 상사와 함께 협의하는 것이 바람직하다.

새로운 업무가 기존 일정과 충돌하거나 마감이 어렵다고 판단되면, 즉시 업무 지시자나 상사와 협의하여 조정을 요청해야 한다. 이때, 맨 처음 얘기했던 10분 이내에 끝낼 수 있는 일이라면 예외다. 이 일만큼은 스스로 판단하고 즉시 결정할 수 있다. 일의 중요도나 시급성이 중요한 것이 아니라, 그냥 내가 빨리 끝낼 수 있느냐 여부만이 중요하기 때문이다.

정리하면, 내가 스스로 결정할 수 있는 일인지를 기준으로 10분 만에 처리할 작업을 재빨리 한 후, 긴급하고 중요한 일을, 그 일을 지시한 상사의 기준에 맞춰 순서를 정해 처리하면 된다. 그러면 일이 쌓이거나 몰리거나 하는 것을 줄일 수 있다.

일곱 번째, 일의 병목 지점을 찾아 해결한다

본격적으로 긴급한 일, 중요한 일을 잘하는 방법에 대해

애기해보자. 만약 이 일을 제때 시간 맞춰 처리하지 못한다면, 원인은 크게 두 가지다.

첫 번째는 나의 역량 부족 탓이다. 하루에 처리할 수 있는 일의 양과 질은 사람마다 다르다. 당연히 역량이 뛰어난 사람은 빠르고 훌륭하게 일 처리를 해낸다. 하지만 그렇지 못한 사람은 늘 마감을 넘긴다. 혹은 시간을 맞추더라도 결과물이 그다지 좋지 못하다. 그래서 다시 해야 하는 경우도 많다. 결국에는 제때 그 일을 끝내지 못하게 된다.

두 번째는 타인 때문이다. 해야 하는 일의 상당수는 온전히 내 힘으로 하는 것이 아니라, 타인과 함께해야 하는 것들이다. 이것은 내 역량의 문제가 아니라 상대방의 문제다. 그래서 어떻게 할 도리가 없다.

이 두 가지 문제를 어떻게 해결해야 할까? 첫 번째인 역량 부족은 단기간에 해결하기가 어렵다. 두 번째인 타인 때문에 발생하는 일은 결국 병목 문제를 해결하는 스킬을 갖고서 풀어야 한다.

상대가 제때 일을 처리해서 내게 넘겨줄 수 있도록 커뮤니케이션을 상시적으로 하고, 이 일을 지시한 상사에게 수시로 진척도를 알려줌으로써, 전체적인 역할 분담과 병목이 발생하는지, 발생시 어디서 생기는 문제인지 등을 알 수 있도록 해야 한다.

일이란 자세히 살펴보면, 선후 관계를 가진 일이 있고 (A를 끝내야 B를 시작할 수 있는), 제 혼자서 끝나는 일이 있다. 앞의 작업이 끝나야 그 다음 작업을 이어서 할 수 있는 경우, 앞선 작업이 바로 전체 일의 시간을 지체시키는 병목 지점이 된다. 이 작업을 끝내지 않으면 다음 작업이 진행될 수 없어 전체 시간이 지연된다. 반대로 제 혼자서 끝나는 일은 하나의 작업으로 처리 가능한 것으로 마치 독립된 상수와 같다. 앞의 작업과 무관하게 바로 끝낼 수 있기 때문에 병목을 일으키지 않는다.

이렇게 선후 관계가 있는 일인지, 단독적인 일인지를 파악했다면, 이후 다시 한 번 더 분류해야 한다. 논리적인 사고와 창의적인 아이디어를 요구하는 고차원적인 일과, 단순한 정리나 계산처럼 반복적이고 바로 처리 가능한 일이다.

전자는 시간을 많이 투입한다고 해서 산출물의 질이 좋아지지 않는다. 무의식적 숙성과 통찰이 필요하다. 뇌속 잠재의식 속으로 일을 넣어두고 틈틈이 떠올리는 것이 문제 해결에 오히려 효과적이다. 반면, 후자는 시간 투입이 많으면 많을수록 더 많은 작업을 처리할 수 있다. 시간과 생산성이 비례하는 일이다.

지금까지의 얘기를 2x2 매트릭스로 정리해 보면 아래와 같다. ❶다른 일에 영향을 주는 작업으로 먼저 끝내야 다른 작업이 시작되는 선행적인 작업, ❷다른 작업이 끝나야 시작할 수 있는 후행적인 작업, ⓐ논리적 사고나 고도의 집중력을 필요로 하는 작업, ⓑ단순 반복적으로 처리 가능한 기계적인 작업이다.

	집중 필요 (ⓐ)	반복적, 기계적 (ⓑ)
선행 업무 (❶)	A면 ⠶⠶⠶ 먼저 해야 다음 일이 가능한 고차원적 작업	B면 ⠶⠶⠶ 먼저 처리 가능한 단순 반복 작업
후행 업무 (❷)	C면 ⠶⠶⠶ 앞선 일이 끝나야 시작 가능한 고차원적 작업	D면 ⠶⠶⠶ 앞선 일이 끝나야 가능한 반복 작업

병목은 주로 업무 ❷행과 ⓐ열에서 발생한다. 이 유형의 작업은 내가 시간을 아무리 많이 들여도 바로 결과가 나오지 않는다. 그래서 작업이 잘 안 풀릴 때는 ⓑ열 업무부터 처리해야 한다. 고차원적 문제에 매달리기보다 자투리 시간에 빠르게 할 수 있는 단순 업무부터 처리하는 것이다.

물론 다른 작업의 시작에 직접 영향을 주는 ❶행의 일은 최우선으로 끝내야 한다. 특히 ❶×ⓑ는 빠르게 마무리할 수 있고, 병목도 없애주므로 가장 먼저 처리한다. 그 다음 ❶×ⓐ로 넘어가고, 진도가 안 나갈 땐 ❷×ⓑ를 처리해두는 방식이 좋다. 그리고 고도의 사고를 필요로 하는 ⓐ열의 일은 절대적 시간 투입보다는 잠재의식 속에 남겨두고 숙성시키는 사고 습관이 중요하다. 어느 순간 스파크가 일어나는 것처럼 불현듯 찾아온 아이디어나 생각의 물꼬로 문제가 해결되는 경우가 있기 때문이다.

정리하면, 일의 순서는 이렇다. ❶×ⓑ(B면) → ❶×ⓐ(A면) → ❷×ⓑ(D면) → ❷×ⓐ(C면).

여덟 번째, 프로젝트 복기로 업무 객관화를 한다

바둑을 잘 두는 비결은 대국이 끝난 후 다시 곱씹어 보는 복기에 있다. 이미 끝난 바둑이지만, 승부를 다시 떠올리며 뒀던 수를 되짚어보는 것이다. 그렇게 순서대로 되돌아보며 "그때 이렇게 뒀더라면 결과가 어떻게 바뀌었을까?", "내가 둔 어떤 수가 승패의 갈림길이었을까?" 이런 고민을 반복하게 되면 실력은 일취월장한다.

일도 마찬가지다. 프로젝트가 끝난 뒤 복기를 성실히 하는 것만으로도 업무력은 크게 향상된다. 여기서의 프로젝트는 혼자서 하는 일상 업무가 아니라 적어도 2명 이상이나 두 개의 부서가 긴밀한 커뮤니케이션을 하면서 역할 분담을 해서 진행하는 업무를 말한다. 적어도 1개월 이상 긴 시간을 투입해 진행한 기획, 마케팅, 캠페인, 전략 등의 굵직한 프로젝트다.

프로젝트가 진행되는 동안은 꼼꼼한 기록이 필수다. 프로젝트 성 업무는 오랜 시간에 걸쳐 진행되며, 동시에 일상적인 업무들도 함께 병행되기 때문에, 나중에 복기하려고 할 때 흐릿해지기가 쉽다. 그래서 기록은 꼭 필요하다.

가장 좋은 방법은 참여한 프로젝트마다 별도의 메모장이나 문서 등을 이용해 내가 했던 일, 관여했던 사항, 중요 의사결정, 회의 및 보고 내역 등 핵심 내용을 틈틈이 정리해두는 것이다.

캘린더나 할 일 관리 앱에 기록하는 복기와 비슷한 것 같지만 다르다. 하나의 업무 주제에 대해 하나의 작업 창에 시간 추이에 따라 무슨 일이 일어났는지 일기장처럼 히스토리를 지속적으로 쌓는 것이다. 캘린더에 날짜별로 기록하는 것과 별도 프로젝트 파일에 일의 내용을 축적해가는 것이 다른 것처럼 말이다.

그렇다고 고주알미주알 모든 내역을 다 기록할 필요는 없다. 중요 사항만 기록해도 충분하다. 회의에서 있었던 결정, 논쟁이 많았던 이슈, 내심 찝찝했던 사항, 뚜렷한 깨우침이 있었던 순간 등이다. 이런 내용을 날짜와 함께 간략히 정리해두면 나중에 복기가 쉽다.

그리고 복기는 한 번만 해서는 안 된다. 프로젝트 종료 후 1주일 이내에 1차 복기, 그리고 6개월 후나 1년 후 필요하다면 수년이 지난 후에도 유사한 프로젝트가 생졌을 때, 과거의 기록을 다시 꺼내 복기한다. 프로젝트의 성공 또는 실패에 영향을 준 요인, 성과에 결정적 기여를 한 의사결정자, 지금 돌이켜볼 때 그때 올바른 판단을 했던 사람들 등을 떠올리는 것이다. 마찬가지로 "내가 그때 그 회의에서 어떤 발언을 했어야 했을까?", "그 문서에 어떤 내용을 담았어야 했을까?" 등도 생각해본다. 같은 프로젝트라 하더라도 다시 떠올릴 때마다 새로운 인사이트를 얻게 되는 것 또한 복기의 힘이다.

단순히 내 관점만이 아니라 각 부서와 의사결정권자의 시선에서 돌아보는 것도 중요하다. 기획, 재무, 마케팅, 개발, 운영, 전략, 부서장, CEO 등 다양한 직무와 직급의 입장에서 왜 그런 의견을 냈고, 그 같은 결정을 했는지 유추해보는 것이다. 일종의 "객관화"다. 타인(제3자) 관점의 시선은 업무를 보는 시야를 더욱 넓게 만들어준다. 그만큼 내가 넓고 유연하게 사고하며, 다양한 이해관계자의 입장을 헤아릴 수 있게 됐다는 뜻이다.

복기를 반복하는 것이야말로 업무력과 통찰력을 끌어올리는 가장 강력한 방법이 된다.

아홉 번째, 나만의 일하는 공식(원칙)을 만든다

나의 기본기

30년간 사회생활을 하며 쌓은 자산은 바로 "나만의 일하는 공식"이다. 사람마다 자신만의 성공 공식이 있다. 살아온 시대와 지역, 함께 일한 동료들, 종사해온 산업의 트렌드, 그리고 내가 맡은 직무에 따라 공식은 다를 수밖에 없다.

스티브 잡스의 리더십이 아무리 훌륭하더라도, 그걸 그대로 따라 하기도 어렵거니와, 설령 따라 한다고 해도 그와 같은 성공을 보장받을 수 있을까? 당연히 불가능하다. 즉 나의 성공 방정식은 내가 만들어야 한다.

나만의 공식을 만들려면 "원칙"이 필요하다. 원칙은 일에 대한 나의 철학이다. 원칙이 분명할 때 공식이 제대로 세워진다. 앞서 얘기한 대로 성공은 모두 제각각이다. 그래서 나의 개인적인 업무 공식보단 나의 원칙을 얘기하는 게 좀 더 유용할 듯싶다.

내가 원칙으로 삼고 있는 것은 ①고객 가치의 최우선이다. 그리고 ②다양한 관점의 입체적인 해석이다. 항상 "최종 고객의 입장에서 생각한다"는 것은 내가 기획하고 보고하는 모든 내용이 최종 고객에게 어떤 가치를 주는지 생각하고 그 기준으로 일을 구성한다는 의미다. 여기서의 최종 고객은 꼭 내 물건이나 서비스를 사주는 회사 밖의 고객(소비자)만을 의미하지 않는다. 내가 하는 일의 최종 보고를 듣는 직속 상사일 수도 있고, 좀 더 위의 임원이나 사장님 혹은 전체 구성원이나 팀이 될 수도 있다.

일을 시작하기 전은 물론이고, 진행 중에도, 마무리한 뒤에도 고객 관점에서 생각하고, 필요하면 일의 방향을 수정해 나간다. 이것이 내가 일할 때 늘 유지해온 첫 번째 원칙이다. 정리하면, 최종 고객의 관점에서 내가 하는 일의 가치가 무엇인지 계속해서 질문하고 되돌아보는 것이다.

두 번째는 여러 관점으로 생각을 펼쳐보는 것이다. 그러려면 두 가지가 필요하다. 누구 관점으로 볼 것인가, 어떻게 그 사람의 관점으로 깊게 빙의할 것인가, 이다.

일을 시작하는 과정에서 일을 시킨 사람, 일에 관여된 다른 부서의 담당 부서장, 일을 함께해야 하는 동료 직원 그리고 일의 결과로 영향을 받게 되는 경쟁사나 고객 관점으로 일을 바라봐야 한다. 경우에 따라서는 투자자, 기자 등으로도 볼 필요가 있다. 물론, 모든 일에 대해 여러 사람의 관점과 해석이 반드시 있어야 하는 것은 아니다. 일의 특징과 미치는 영향 등을 고려해 특정 대상자(관점)를 우선해서 볼 필요가 있다는 뜻이다.

대상자의 관점에 가까워지려면 어떻게 해야 할까? 바로 "빙의"가 되어야 한다. 그 사람의 입장으로 온전히 바뀌어 그 사람처럼 생각해야 한다. 그렇게 하려면, 빙의할 대상자를 만나 입장을 들어보고 생각을 살펴야 한다. 하지만 매번 만나서 의견을 청취하기는 어려우니 추론을 하는 수밖에 없다. 근데 다행히도 요즘은 AI가 도움을 준다. "이런 사람(구체적인 역할, 지위, 나와의 관계 등을 알려주면서) 입장이라면 이 문제에 대해 어떻게 생각할 것 같아?" 이렇게 AI에게 질문을 던지면 상대의 입장과 관점에서 잘 설명해준다.

"고객 가치 중심의 사고"와 "입체적 사고 기반의 점검" 습관은 내가 일을 시작하고, 중간에 돌아보고, 최종적으로 마무리하는 전 과정에 적용된다. 30년의 사회생활 속에서 갈고닦으며 만들어진 나만의 일하는 원칙(공식)이다.

자신만의 원칙과 공식을 만들어야 한다. 원칙은 각자의 직무와 주특기에 따라 정하고, 공식은 그 원칙을 수행하는데 가장 적합한 나만의 방법이다.

열 번째, 휴식의 목적을 명확히 한다

처음 사회 생활을 시작한 10년 동안은 정말 소처럼(?) 일했다. 그 다음 10년은 소처럼 일하며 만든 습관 덕분에 좀 더 요령 있게 일할 수 있었다. 그리고 최근의 10년은 조금 여유를 가지면서 일하고 있다. 최소한의 시간 투입으로 최대의 효과를 만들어내면서 말이다.

이렇게 시간과 함께 경험치도 쌓이면서 좀 더 큰 규모의 일도 맡게 되면, 점점 더 다른 시각과 관점도 요구받는다. 레벨업이 필요할 때다. 더이상 기존 관행대로 일해서는 새로운 통찰을 만들어 낼 수가 없다. 그래서 최근 나의 업무 습관에서 가장 중요한 변화는 "일과의 단절"이다. 일에서 멀어져 온전히 휴식을 취하는 것이다.

휴식은 한두 시간이나 반나절 정도로는 부족하다. 적

어도 수일 이상은 완전히 일과 분리될 필요가 있다. 심지어 인터넷과의 단절도 필요하다. 기존의 생각 틀에서 벗어나야 전혀 다른 생각을 할 수 있다고 생각해야 한다. 비워야 채워진다는 논리다.

가족과 함께 여행을 가도 좋고, 아무것도 하지 않고 침대에서 뒹굴뒹굴해도 괜찮다. 평소에는 하지 않던 드라마를 정주행 하거나, 만화책을 읽거나 낯선 장소로 훌쩍 떠나는 것도 좋다. 하루 종일 사우나에 가서 시간을 보내도 좋고, 카페에 하루 종일 앉아있어도 좋고, 버스를 타고 종점과 종점을 오가는 것도 좋다.

아무 생각도 하지 않거나, 기존 업무에서 완전히 벗어나면 갖고 있던 고정 관념이 리셋된다. 그런 다음 일터로 돌아오면, 전혀 예상하지 못한 시사점이 불현듯 떠오른다.

나는 거의 분기마다 일주일 정도는 일과 동떨어진 채 휴식의 시간을 보낸다. 사실 20년 전만 해도 여행을 가거나 잠깐의 휴식을 취할 때에도 노트북이나 아이패드, 스마트폰이 항상 옆자리를 차지하곤 했다. 한 시간에 한 번씩 이메일을 확인하고 검색을 하고 메모도 했다. 휴식의 기간에도 일에 완전히 몰입되어 있었다. 하지만 지금은 의도적으로 일에서 멀어지려고 한다.

지금 내가 하는 일 대부분은 과거와 달리 큰 의사결정이나 방향 설정, 문제 정의와 해결 방안 도출, 그리고 굵직한 전략과 기획의 스토리 구성과 시사점 도출 등이다. 이런 업무는 몰입만큼이나 휴식에서 오는 인사이트가 크다.

물론! 이런 세렌디피티는 적어도 10년이 넘는 업무 경험과 충분히 축적된 실무력이 있을 때나 누릴 수 있는 행운이다. 아무에게나 영감이 팍팍 찾아오는 것은 아니다.

10년의 시간은 중요하다. 10년의 업력 안에는 일의 형식과 내용에 대한 충분한 정보가 있고, 나아가 지식과 지혜가 있다. 이를 기초로 할 때 기발한 창의력이 나온다. 그리고 사람마다 몰입도와 역량이 다르기 때문에 10년을 무조건 채워야 한다는 것도 아니다.

충분한 시간을 두고서 숙성된 업무 경험(업무력)을 갖고 있다면, 얻을 수 있는 인사이트의 양과 질은 다를 수밖에 없다. 업무력이 낮은 상태에서는 주로 스트레스를 낮추고 다시 몰입할 수 있는 회복력을 휴식을 통해 얻는다면, 업무력이 높은 상태에서는 평소에서 발견하지 못한 인사이트를 회복을 통해 얻는다.

우리가 하는 일 중에는 문제를 정의하고, 특별한 해결 방안을 찾으며, 아무도 생각하지 못했던 관점과 논리 구조를 발굴해야 하는 과제가 많다. 이런 종류의 일은 효율성보다 효과성을 발휘해야 하는 일이다. 단순히 일에만 몰입해 효율적으로 일한다고 해서 답이 나오는 것은 아니다. 휴식도 상황과 경험에 따라 뛰어난 효과를 발휘할 수 있다.

이상으로 나의 30년 직장 생활동안 갖게 된 나의 업무 기본기이자 습관을 10가지로 정리해보았다.

다음 글부터는 본격적으로 여러분이 쌓을 기본기를 하나씩 제안하고자 한다. 자신의 업무 습관으로 만들 때 누구에게도 뒤처지지 않으며, 목표로 하는 성과를 발휘할 수 있는 기본적인 역량이다. 결국 사람과 사람이 함께 하는 것이고, 그 일은 합리성과 상식을 바탕으로 한다. 그렇기 때문에 기본기란 결코 엄청난 것이 아니다. 어느 시대고 통하는 가장 기본적인 업무 스킬이다. 하나씩 살펴보자.

AI 시대에도
변하지 않는 기본기

글쓰기

회사의 하루를 돌아보면 키보드를 두드리며 글을 쓰는 시간이 꽤 많다. 이메일 쓰기부터 각종 보고서 쓰기는 물론이고, 인트라넷 게시물 쓰기나 마케팅에 필요한 여러 글쓰기, 그리고 최근에는 카카오톡과 챗GPT에도 글을 쓴다.

이메일을 쓰는 것만 해도, 지난 몇 년보다 작년이, 작년보다는 올해가, 더 많아지면 많아졌지 줄어들 것 같지는 않다. 반대로 대면이나 전화로 커뮤니케이션하는 일이 점점 줄어드는 트렌드는 당분간 계속 유지될 것 같다. 이처럼 글쓰기의 필요성은 점점 부각되고 있다.

직장인의 필수 역량으로 글쓰기가 점덤 더 중요해지는 상황에서 필요한 습관은 무엇이 있을까?

여러 관점에서 읽기

글을 잘 쓰려면 우선 잘 읽어야 한다. 좋은 입력이 있어야 좋은 출력이 가능하다. 따라서 평소 많이 읽는 습관을 갖는 것이 제일 중요하다. 읽어야 할 것이 꼭 책일 필요는 없다. 뉴스 기사, 이메일, 보고서, 게시글, 카카오톡 메시지 등 모든 글을 꼼꼼하게 읽으면 좋다. 그리고 되새김질하듯 읽어야 한다. 글을 쓴 사람의 관점에서도 읽어야 하고 독자의 시각에서도 읽어야 한다.

"다양한 관점"(글쓴이, 제3자, 의사결정자 등)으로 읽게 되면, 같은 글도 전혀 다른 의미로 다가온다. 앞으로 내가 쓴 글 역시 여러 사람에게 읽힐 텐데, 어떻게 받아들여질까 예측하려면, 다양한 관점에서 글을 읽어보는 훈련이 필요하다. 이 또한 "객관화"다. 객관화는 일에서도 글쓰기에서도 필요하다.

"내가 이 글을 쓴 이유는 뭘까?" "이 글을 쓴 사람은 무엇에 주목할까?" "이 글은 누구에게나 필요한 글일까?" 이런 여러 가지 관점은 내 글의 힘을 키우는 데 도움이 된다.

다양한 글을 다양한 관점에서 곱씹는 연습을 한 후에는 본격적으로 쓰기를 한다. 그리고 글을 쓴 후에는 반드시 다시 읽어보는 과정을 거친다. 메일이든 게시글이든 보내기 전 꼭 정독을 해야 한다. 그런데 귀찮다고 이 일을 건너뛰는 사람이 많다.

정독할 때의 유의점은 앞서 확인한 대로 다양한 관점으로 내 글을 읽는 것이다. 주장하는바, 전하고자 하는 정보나 지식이 잘 정리되어 있는지, 치우침이 있다거나 논리가 부족한 점은 없는지, 그리고 읽는 사람 입장에서는 이해하기 쉬운 문장과 단어들이 배치되어 있는지 등을 따져보는 것이다. 그리고 이 글을 읽은 다음 무슨 생각을 하며 무슨 행동을 할 것인지도 예측해봐야 한다. 문서 전체의 스토리 흐름부터 각 문장, 단어까지 세밀히 들여다 보는 것이다.

근데 이런 식의 훈련을 매일 하기는 어렵다. 더군다나 혼자 하기는 더더욱 어렵다. 좀 더 현실적으로는 비즈니스 글쓰기 모임을 만들고, 함께 여러 사람과 같이 해보는 것이 낫다. 작게는 사내 모임을 만들어도 좋고, 크게는 같은 업종의 타 기업이나, 타 업종의 회사 사람들과 어울려서 글쓰기 모임을 해보는 것도 좋다.

이와 관련해서 일상에서 해볼만한 루틴을 정리해보면 다음과 같다(앞으로 매일 실천하면 좋을 루틴을 습관 만들기의 방법으로 제시할 예정이다). ❶하루 한 편의 글을 골라 작성자·독자·의사결정자 관점에서 각각 한 문장으로 요약·

해석해본다. ❷내가 작성한 메일을 수신자와 참조자 각
각의 시선에서 읽어보고, 어떻게 이해하고 어떤 감정을
가질지 생각해본다.

요약과 확장 해보기

지난 30년 동안 65여 권의 책을 집필했다고 말했다. 여
기에는 회사에서 작성한 수많은 업무 보고서, 블로그와
카페와 브런치에 올린 글, 회사 인트라넷에 게재한 글과
이메일에 쓴 글까지, 아마도 이 모두를 합하면 책 100권
분량은 족히 될 것이다. 내가 어떻게 이렇게 많은 글을
쓸 수 있었을까? 비결을 꼽자면 "요약"과 "확장"을 말하
고 싶다.

요약은 긴 글을 짧게 압축해 핵심만 뽑아내는 과정이
다. 수십 페이지에 이르는 문서를 한 장으로 요약해보고,
한두 장 분량의 이메일이나 블로그 글을 한 단락으로 요
약해보는 식이다. 이 과정을 반복하면 글의 핵심 메시지
를 뚜렷하게 전달하는 힘이 길러진다.

반대로 확장은 글을 넓히는 작업이다. 한 장짜리 글을 두세 장으로, 한 단락을 한 페이지로 확장한다. 논거를 제시하고, 논리를 정교하게 다듬고, 구체적인 사례를 덧붙이는 방식이다. 단, 글을 늘리다 보면 중언부언하거나 메시지가 흐려질 수 있기 때문에 유의해야 한다. 날카로움을 유지하면서도 필요한 내용을 충분히 담는 것이 핵심이다.

요약과 확장을 자유롭게 할 수 있는 능력을 갖춘다면, 마치 밀가루 반죽처럼 내 글을 마음대로 다룰 수 있게 된다. 이 정도의 경지에 이르면 글은 칼보다 날카롭고 쇠망치보다 강력한 도구가 된다.

요약과 확장을 연습할 수 있는 실천 루틴을 정리해보면 다음과 같다. ❶긴 문서를 한 장으로 요약하기: 내가 읽은 여러 페이지의 보고서나 기사 혹은 책의 내용을 한 장 이내로 압축 정리한다. 더 짧게는 10문장으로 요약한다고 생각해도 좋다. ❷짧은 글 확장하기: 보고서의 단락 하나를 세 배로 늘리되 내용이 중언부언하지 않고 명확한 구조를 띨 수 있도록 한다. 주장하는 바와 이유, 예시나 사례, 결론과 정리, 이렇게 구조화하면 분량이 늘어

나도 힘이 빠지지 않는다. ❸날카로움 유지 체크: 확장한 글은 반드시 "이 글의 핵심 메시지는 무엇인가?"를 생각한 후 한 문장으로 다시 써본다.

공개하고 반응 엿보기

글쓰기 역량을 키우는 또 하나의 방법은 "논쟁"이다. 물론 말로 하는 것이 아니라, 글을 통한 가상의 논쟁이다. 이를 위해서는 글이 외부에 공개되어야 한다. 블로그든 커뮤니티든 SNS든 또는 사내 인트라넷이든 상관없다. 많은 사람이 읽을수록 더 다양한 피드백을 받을 수 있다.

피드백은 좋아요, 공유, 댓글 등이다. 동의나 반론, 기타 의견 글을 보면서 다시금 내 글을 살펴본다. 이때 중요한 것은 내 생각이 아니라, 내 글이 타인에게 어떻게 읽히는지를 정확히 이해하는 것이다. 내가 A라는 생각으로 썼는데, 독자가 B나 A로 이해했다면 왜 그렇게 해석되었는지 분석해야 한다. 이를 통해 내 생각을 글로 보다 정확히 전달하는 법을 배울 수 있다.

　댓글이나 반론에 대해 가상의 답글을 써보는 연습도 도움이 된다. 실제로는 답글을 달지 않더라도, 어떻게 글을 쓸까, 실제로 써보는 것이다. 글을 써봐야 얼마나 내 생각이 타당한지 그리고 설득력이 있는지 알 수 있다.

　관련해서 실천 루틴을 정리해보면 다음과 같다. ❶주 1회 글 쓰고 공개하기: 블로그·SNS·커뮤니티·사내 인트라넷 등 최소 한 채널에 한 주 한 번 글을 올려 외부 반응을 수집한다. 처음에는 바로 반응이 오지 않을 테니, 주 1회가 아니라 그 이상 쓸 각오를 한다. 꾸준히 글을 올려야 반응 역시 기대할 수 있다. ❷댓글 반응 분석: 내가 의도한 메시지와 독자가 해석한 내용을 비교 분석해 오해가 생긴 지점을 확인한다. ❸의도와 해석 비교: 혹시 내 의도와 다르게 글이 해석되거나, 내가 중요하다고 생각한 부분보다 다른 포인트에 더 큰 반응을 보인다면, 그 이유가 무엇인지를 고민해본다. ❹무엇보다 가장 중요한 것은 왜 댓글이 안 달리는지 생각해보는 거다. 무슨 말인지 이해가 안 되거나, 너무 장황해서 재미가 없거나 둘 중 하나일 확률이 높다.

최근에는 인공지능과의 대화를 통해 글쓰기(나아가 책 쓰기)를 하기도 한다.

30년차 테크 라이터(기술 주제의 글을 주로 쓰는 작가)인 나는 여러 대의 모니터를 사용하고 있다. 그중 첫 번째 모니터에는 에버노트를, 두 번째 모니터에는 챗GPT를 띄워놓고 글을 쓴다. 사실 모니터를 총 다섯 개를 쓰고 있는데, 세 번째 모니터로는 할 일과 스케줄을 보기 위한 캘린더, 네 번째는 웹브라우저를 사용할 용도로, 다섯 번째는 참고할 PDF나 클로드, 그록, 제미나이, 젠스파크(이상은 LLM 기반 AI 모델) 등을 그때그때 상황에 맞춰 띄워놓고 글을 쓴다.

본격적으로 글을 쓰기 전 에버노트에 먼저 제목과 주제, 개요, 취지 등을 간략히 한 단락으로 정리한다. 이렇게 정리해두면 내 글의 방향성을 잃지 않고, 글쓰기를 할 때마다 확인하면서 영점 조절을 할 수 있다. 경우에 따라 내용이 방대하거나 잘 정리가 되지 않을 때는 마인드맵 프로그램(mindnode)를 띄워 전체 글감에 대한 주요 키워드를 그룹핑하고 레벨을 나누고 서로 연결해서 집필할 글의 전체 윤곽을 한 페이지에서 볼 수 있도록 한다.

다음으로 소제목 형태의 목차를 작성한 후, 목차 항목별로 다룰 키워드를 떠오르는 대로 기록한다. 그런 다음 키워드를 바탕으로 초안 작성을 한다. 초안 작성은 관점, 핵심 메시지, 내용을 정리하고 참고 자료(인터넷 기사나 PDF, 이미지 등)를 구해두는 정도다. 글감을 수집하는 것과도 비슷하다. 잘 쓰는 게 아니라 잘 모으는 단계다.

초안 작성이 끝났으면 이를 챗GPT(또는 제미나이, 클로드, 그록 등) 프롬프트로 입력해 좀 더 깔끔한 글 정리와 교정을 요청한다. 프롬프트에 내가 쓸려는 내용과 메시지가 무엇인지를 설명하고, 이어서 내가 쓴 초안 글을 같이 붙여서, AI가 좀 더 나은 글을 출력할 수 있도록 유도한다. 그리고 챗GPT 외 다른 AI 모델에도 동일하게 적용해 결과물을 받아본다.

절대 AI가 작성한 글을 그대로 복사 붙여 넣기는 하지 않는다. AI는 내 생각을 깊게 숙성하는 데 도움을 주는 것이지, 글쓰기는 온전히 내 손에서 이뤄져야 한다. AI가 쓴 글을 본 분들이라면 알겠지만, 무척 무미건조하다. 이 단어 다음으로 많이 나올 단어를 일종의 확률로써 조합해 글을 쓰는 방식이기 때문에 글쓴이의 개성이라는 것이 없는 아주 일반적인 글이 나온다. 그래서 AI가 쓴 글을 읽으면 지루하다. 글의 개성을 프롬프트로 요구할 수는 있지만, 자칫 엉뚱한 곳으로 흘러가기도 한다.

글을 쓰다 다음 단락의 연결어가 떠오르지 않거나, 구체적인 사례나 논거가 필요할 때는 AI가 탁월한 능력을 발휘한다. 정리된 초안을 바탕으로 독자가 궁금해할 것, 관련해서 보완해야 할 것 등을 물어 내가 떠올리지 못했던 단어의 선택, 문장의 구성 등을 점검받을 수 있다. 그리고 비문(非文) 점검도 가능하므로 좀 더 정확하고 매끄러운 글을 쓸 수 있다.

아이디어를 뒷받침할 논거를 입력한 키워드를 바탕으로 좀 더 성실하고 풍부하게 사례를 찾거나 사례와 사례를 연결하는 역할도 AI가 해줄 수 있다. 그런 다음 모은 조각을 잘 배열해서 잘 읽히게끔 정리해주는 것도 AI가 해줄 수 있다(그래서 AI로부터 글쓰기의 흐름을 배울 수도 있다고도 말한다).

결국, 이런 식의 과정을 몇 번 거쳐야 좋은 글이 나온다. 다시 강조하지만, AI는 어디까지나 조력자일 뿐이다. AI를 파트너로 삼아 함께 글을 쓴다고 생각하는 것이 중요하다. 글쓰기의 주도권이 나에게 있다는 사실은 변해서는 안된다. AI를 활용하면, 이전보다 더 논리적으로 풍부한 글을 쓸 수 있다. 하지만 핵심 메시지까지 도출해달라고 말할 순 없다. 독창적인 아이디어는 글을 쓰는 내게서 비롯된다.

AI 시대라고 하지만, 변하지 않는 진리는 내가 써야 할 주제와 주제에 대한 나의 경험과 통찰이 충분히 숙성된 지식으로 존재할 때 차별화된 글쓰기가 가능하다. 즉 그 방면의 전문가 레벨이어야 한다는 뜻이다(앞서 얘기한 기준으로는 적어도 10년 차 이상의). 그래야 좋은 글을 쓸 수 있다. AI 시대지만, 여전히 기본기가 중요하다고 외치는 이유다.

지금까지의 얘기를 실천 루틴으로 정리해보자. ❶이정표 정리: 글을 쓰기 전 제목·취지·소제목·핵심 키워드 등을 한 단락과 목록 형태로 정리한다. ❷초안 작성: 초안은 러프하게 쓴다. 글감을 모으고 정리하는 것으로 생각해도 된다. ❸AI 모델 비교: 챗GPT, 클로드, 제미나이,

그록 등 서로 다른 AI 모델을 이용해 결과 값을 비교한다. ❹AI 결과물 재해석·재작성: AI가 제안한 문장·구성을 참고해서 나의 개성을 넣는 글쓰기를 한다. ❺글 다듬기: 글 쓰는 중 연결어·사례·논거가 막히면 즉시 AI에 질문하고, 제안받은 내용을 참고해 보완한다. 좀 더 미려한 글이 되도록 하는 방식이다. ❻완성 후 AI 리뷰 요청: 마지막으로 글의 논리 흐름을 분석해달라고 해서 최종 완성도를 점검한다.

말하기

군인에게는 총과 칼이 무기라면, 직장인에게는 글과 말이 무기다. 글은 긴 여운을 남기고, 말은 순간을 지배한다. 글은 다듬을 수 있는 시간 여유를 갖고 있지만, 말은 내뱉는 순간 다시 담을 수 없다. 유튜브와 쇼츠 같은 영상 콘텐츠가 범람하는 시대, 말의 중요성은 말해 무엇할까.

사회 생활을 하면서 하루 동안 우리가 얼마나 많은 말을 하는지 돌아보자. 보고, 회의, 전화 통화는 물론이고, 잡담과 대화에 이르기까지. 우리는 글보다 말을 훨씬 더 많이 한다. 그중에서도 업무 목적의 지시와 보고, 질문과 답, 회의 등에 필요한 말(대화)은 동료, 상사, 비즈니스 파트너를 포함한 모든 이해관계자에게 영향을 미친다. 동시에 내 역량과 가능성으로 평가받기도 한다.

일 잘하는 직장인으로 성장하기 위해서는 어떤 말하기 습관이 필요한지 살펴보자.

보고하기

보고는 수십 분에서 길면 두 시간 남짓의 시간 동안 그

동안의 노력을 검증받는 자리다. 아무리 글을 잘 써도 말 한마디 잘못하면 공든 탑이 무너질 수 있다. 보고를 잘하는 데 필요한 역량은 무엇일까?

보고의 기본은 당연히 전달하고자 하는 최종 메시지다. 이를 위해서는 보고의 목적을 분명히 인식해야 한다. 이번 보고를 상대는 왜 들어야 하며, 보고를 듣고 어떤 의사결정이나 행동을 해야 하는지 생각해 보아야 한다. 단순히 사실이나 현황을 전달하는 보고인지, 시장 변화나 경쟁 구도의 시나리오를 예측하는 것인지, 투자 의사결정을 위한 사업 평가인지, 부서 간 이견을 조정해 합의를 이끌어내는 이슈 제기인지 등을 분명히 할 필요가 있다. 한마디로 목적을 분명히 하는 것이다.

목적을 분명히 했으면, 그에 맞춰 한 문장으로 내용(메시지) 정리를 해야 한다. 예를 들어, 그간 우리가 알고 있던 현실과 정반대라는 것을 말하고 싶은 것인지, 시장이 더 악화되어 매출이 30% 이상 급감할 것으로 예측된다는 것인지, 투자를 하되 10억 원에 지분 50%를 확보해야 한다는 것인지, IT 부서의 AI 도입을 위한 예산 배정에 회계팀이 반대하지만, 3년간의 생산성 향상을 목표로 하기 위해서는 CEO가 결단을 해야 한다는 것인지, 가급적 한 문장 요약을 꼭 해본다.

다음으로는 디테일한 논거 정리다. 우선은 메시지에 어긋나거나 불필요한 것은 없는지, 중언부언하고 과장된 형용사나 표현이 있지는 않은지, 메시지를 뒷받침하는 근거는 충분한지, 보고할 내용을 들여다보며 점검한다. 간혹 보고서를 잘 꾸미겠다는 생각으로 보고할 내용과는 상관없거나 동떨어진 각종 자료를 잔뜩 넣어서 보고의 힘을 떨어뜨리는 경우가 있다. 어렵게 구한 자료고 잘 정리된 사실이라도, 보고 목적에 맞지 않으면 버려야 한다. 메시지만 흐리게 하고 방해만 될 뿐이다(당연히 보고서에 삽입할 이유도 없다).

그리고 보고는 보고서를 동반할 때가 많은데 보고서가 30장으로 이루어져 있다면, 한 개 문장씩 총 30개의 문장으로 다시 요약한 다음, 이 문장의 흐름을 살펴보면서 전체 메시지와의 연결성을 점검해본다.

이 과정을 통해 발표할 말과 보고서의 글이 일치하는지 확인하고, 필요하면 문서를 수정·보완하고, 말할 내용을 더욱 날카롭게 다듬는다. 아울러 어떤 단어를 써야 메시지에 임팩트가 생기는지도 고민해본다.

이렇게 미리 "10문장 보고", "20문장 보고" 식으로 시나리오 쓰듯 체크를 해둔다면, 더욱 힘이 있는 보고가 된다. 보고하기는 단순히 정보 전달이 아니라, 감정을 실은 연출이라고 봐도 무방하다.

보고서에 대해 몇가지만 더 얘기하자면, 앞에서도 얘기했지만 보고 목적이 분명해야 한다. 사실을 밝히는 것인지(잘 모르던 내용이나, 알았는데 잘못 알고 있는 내용, 혹은 이미 알고 있지만 더 깊게 알아야 하는 내용인지), 새로운 관점을 제시하는 것인지(단기적 관점이 아닌 장기적 관점, 특정 부서 입장이 아닌 전사적 차원, 내부가 아닌 경쟁 관점, 개발이 아닌 사용자 관점에서의 다르게 봐야 한다는 것인지), 의사결정을 하자는 것인지(기존 의사결정을 더 제대로 공지해야 하는지, 의사결정을 뒤집어야 하는지, 기존 의사결정이 잘못되어 문제가 발생하고 있다는 것인지) 이를 명확히 하는 보고서가 되어야 한다. 목적과 시사점은 동쪽으로 10보 가자는 것인데, 보고서에는 서쪽으로 2보 혹은 멈추라는 내용이 있다면 올바른 보고라고 할 수 없다.

보고하기와 보고하기에 필요한 보고서 작성까지 얼

추 완성되었다. 다음으로는 보고(발표) 방식이다. 앉아서 할 것인지, 앞으로 나와서 서서 할 것인지, 인쇄된 보고서를 보며 발표할 것인지, 혹은 줌(Zoom)이나 구글 미트(Google Meet) 등을 이용해 비대면 방식으로 할 것인지 그리고 전 과정을 혼자 할 것인지, 아니면 영역별 담당자를 지정해 분할 발표를 할 것인지 등을 결정해야 한다. 그 외에도 30분 이내에 끝낼 것인지, 10분 발표 후 질문을 받을 것인지, 혹은 토의 방식으로 진행할 것인지 등도 고려해야 한다.

마지막으로 보고 과정을 머릿속으로 시뮬레이션해보면서 리허설을 한다.

이상이 나의 오랜 보고 습관이다. 모든 절차가 보고 내용과 메시지를 가장 효과적으로 전달하기 위한 것이 되어야 한다.

지금까지의 얘기를 정리해보면 다음과 같다. ❶보고 목적 한 문장 요약: 발표 전 "상대가 왜 이 보고를 들어야 하는지"와 "전달할 핵심 메시지"를 한 문장으로 정리한다. ❷보고서 메시지 점검: 보고서 각 장·슬라이드를 한 문장씩 요약해 발표자 노트에 기록하고, 전체 메시지와

의 연결성을 확인한다. ❸불필요한 내용 제거: 핵심 메시
지와 관련이 없는 자료·통계·문장이 무엇인지 체크해서
삭제한 후 원래 버전과 비교 검토한다. ❹전달 방식 설
계: 발표 장소·형식(대면/비대면, 프레젠테이션/문서)·시간·
발표자 구성 등 최적의 전달 방식이 무엇인지 구분한다.
❺발표가 끝난 후에는 예상한 것과 같은지, 다르다면 무
엇이 다른지 점검한다.

프레젠테이션하기

많은 사람 앞에서 발표하는 프레젠테이션은 더 큰 일을
맡고 리더로 성장하기 위해서는 반드시 거쳐야 할 관문
이다. 프레젠테이션을 잘하는 데 필요한 역량은 무엇일
까?

　혼자 말하는 것과 한두 사람 앞에서 말하는 것, 그리
고 여러 사람을 앞에 두고 발표하는 것은 차원이 다르다.
특히 많은 사람 앞에서 발표할 때는 강한 자신감이 필수
다. 청중의 시선과 표정, 제스처, 질문 등에 휘둘리지 않

고, 나만의 기세와 흐름을 유지해야 한다. 자신감은 청중이 누구인지, 장소가 어디인지, 발표 주제가 무엇인지에 따라 달라질 수 있다. 평소에 자신 있게 발표하던 사람도 청중이 10명에서 100명이나 1,000명으로 불어나고, 카메라 앞에 앉아 비대면으로 진행하는 등 익숙하지 않은 환경에서는 긴장감이 들기 마련이다. 또 발표를 듣는 사람이 사장, 회장, 경영진 등 최고 의사결정권자면 누구라도 위축이 되지 않을 수 없다.

그렇다고 긴장한 나머지, 프레젠테이션 문서에 적힌 문장을 하나하나 읽어 내려가서는 안 된다. 미리 각 슬라이드의 내용을 완전히 이해하고, 페이지의 핵심 키워드가 무엇인지, 어떤 이야기를 전할지를 머릿속에 떠올린 뒤 실제처럼 목소리를 내어 말해보는 연습을 하는 것이 중요하다. 그리고 페이지마다 발표에 어느 정도 시간이 걸리는지도 미리 측정해보고, 전체 발표 시간은 얼마가 소요될 지도 연습해야 한다.

중간에 막히거나 멈칫하는 부분이 있다면, 다시 하고 또다시 해서, 하나의 발표를 온전히 내 것으로 소화해야 한다. 긴장하지 않으면서도 할 말을 떳떳하게 전하기 위해서는 철저하게 준비하는 습관이 필요하다. 그래서 리허설을 통해 발표 내용을 미리 점검하는 것은 필수다.

하나의 발표를 여러 번 반복 리허설하고 완전히 내면화해야 비로소 준비가 끝난다. 그렇게 준비해야 현장에서도 긴장하지 않는다. 그럼에도 예상치 못한 변수들 때문에 긴장하는 일은 현장에서 빈번하게 발생한다.

이후로는 실전 경험이다. 백 번보다 천 번, 천 번보다 만 번을 경험해본 사람이 능숙할 수밖에 없다. 많이 하면 할수록 실력이 늘고 긴장감도 사라진다.

나 역시 지난 30년 동안 수많은 발표를 해왔다. 글보다 말을 더 많이 한 것 같다. 초반 10년은 아무리 연습을 해도 긴장감이 쉽게 가시지 않았다. 당연히 리허설을 잊지 않고 진행했다. 이후 10년 동안은 긴장감이 크게 줄어들었다. 하지만 평소와 다른 청중이 있거나 돌발 상황이 생기면, 여전히 가슴이 뛰고 목소리가 떨렸다. 그렇게 도합 20년이 지나고 나니 이제는 긴장감도 사라졌다. 리허설이나 별도의 준비 없이도 발표를 할 수 있게 되었고, 현장의 반응과 청중의 표정을 보며 발표 자료를 중간에 생략하거나 순서를 바꾸거나 하는 등의 강약과 시간 조절도 가능해졌다. 늘 쉬지 않고 했던 연습과, 발표 기회를 일부러라도 자주 만들고 많이 해본 것이 비결이라면 비결이다. 그래서 아무리 작은 발표라도 기회가 주어지면 미루거나 회피하려 하지 말아야 한다.

프레젠테이션과 관련해서 몇 가지 실천 루틴을 정리해보면 다음과 같다. ❶슬라이드 핵심 키워드 숙지: 페이지마다 핵심 키워드와 전달 메시지를 메모하고, 문서 읽기 없이 설명할 수 있을 때까지 연습한다. ❷시간 측정 리허설: 전체 발표 시간을 측정하면서 2회 이상 리허설을 진행하고, 슬라이드별로 소요 시간을 기록한다. ❸막힘 구간 집중 반복: 리허설 중 멈칫하거나 말이 자주 꼬이는 부분은 따로 표시해 반복적으로 연습한다. ❹발표 기회 적극 확보: 사내 소규모 회의, 스터디 모임, 외부 세미나 등 발표 기회를 의도적으로 찾아서 경험치를 쌓는다. ❺현장 조율 훈련: 발표 중 청중 반응·표정을 관찰하며 자료 생략·순서 변경·강약 조절을 해보는 연습을 병행한다.

회의에서 말하기

청중들 앞에서 말하는 프레젠테이션보다 훨씬 더 많이 하게 되는 것이 회의 시간의 말하기다. 발표는 내가 말하고 싶은 내용을 제한된 시간 내에 전달할 수 있어 비교적 내 통제하에 운영되지만, 회의는 다르다. 주제는 정해져 있다고 하지만, 무슨 대화가 오갈지도 모르고, 상대방이 어떻게 반응할지도 모른다. 특히 의사결정권자와 함께하는 회의에서는 빈번히 오가는 질문에 정확히 답을 해야 하기에 발표보다 더 어렵다. 그리고 답을 할 때는 여러 부서와 구성원의 이해관계를 고려하는 것은 물론이고, 회사의 전략 방향과 의사결정권자의 입장까지도 고려해야 한다.

회의에서 답도 잘하고 말도 잘하기 위해서는 어떤 준비가 필요할까? 세 가지를 이해해야 한다. 첫째, 내가 속한 팀, 상사, 더 나아가 의사결정권자인 경영자, CEO, 그리고 회사의 관점에서 회의의 주제를 파악하고 발언해야 한다(상대방 관점에서의 이해는 앞에서도 여러 번 강조하고 얘기했다). 회의는 개인 의견을 말하는 자리가 아니다(물론 개인 의견을 말해야 하는 아이디어 토론 같은 회의도 있다). 부서의 관점을 대표해서 말하는 자리다. 회사 전체 시각에서 사고하고 발언해야 한다.

둘째, 질문자의 의도를 정확히 파악해야 한다. 회의에서는 주최자나 의사결정권자의 질문이 있고, 이에 답변하는 식의 회의가 많다. 이때는 질문의 겉모습이 아니라 왜 질문이 나왔는지를 먼저 고민하는 것이 중요하다. 단순히 기계적인 정보 전달이 아니라, 질문의 배경과 의도를 고려한 응답이다. 이 과정이 충분하지 않으면, 전혀 중요하지 않은 것을 진지하게 답하는 엉뚱함을 연출한다(이를 두고 분위기 파악을 못한다고 말하기도 한다).

셋째, 실행과 솔루션을 염두에 두고 답변해야 한다. 회의의 본질은 비즈니스 과제를 해결하기 위한 자리다. 이상론보다는 실행 가능한 현실의 관점에서 해결책을 말해야 한다. 우리 회사의 환경, 우리 부서의 상황, 나의 역할과 제약을 모두 고려한 실현 가능한 솔루션 중심의 답변이 필요하다.

회의실에서 오고 가는 난상 토론 자리에서 위의 세 가지 관점을 기반으로 즉각적으로 말하는 순발력은 고도의 기술이다. 마찬가지로 이 또한 훈련이 필요하다. 가장 좋은 훈련 방법은 회의에 참석한 다른 사람들의 발언을 꼼꼼하게 듣고 기록하는 것이다. 회의는 어떤 책이나 논문에서도 얻을 수 없는 생생한 학습의 장이다. 여러 이해관계자가 모여 내공을 겨루는 시간이나 마찬가지다. 그런 만큼 그들의 발언을 주의 깊게 듣는 것이 중요하다.

지금도 나는 회의 참석 때 늘 메모장을 펼쳐 놓는다. 발표자가 회의 주제를 소개하면, 그 내용을 정리한다. 그런 다음 주최자의 질문을 기록하고, 만약 질문이 나에게 왔다면, 어떻게 대답할지도 메모한다. 그리고 실제 질문을 받은 사람이 어떻게 답하는지도 적어둔다. 이렇게 하면 질문, 내 생각, 실제 답변 이렇게 세 가지가 나란히 남는다.

물론 회의는 속도감 있게 진행되고 발언이 쉴 새 없이 왔다갔다하는 자리라서 메모를 충실히 하는 것조차도 버겁다. 하지만 여러 번 반복하다 보면 타인의 대화 속에서 무엇이 핵심인지를 요약해서 정리하는 방법을 익힐 수 있다(회의록 작성과는 다르다. 회의록 작성은 모든 내용을 빠짐없이 적는 것이다).

　회의가 끝난 이후에는 복기를 해본다(복기의 필요성과 중요성에 대해서는 "나의 기본기"를 얘기하면서 많이 강조했다). 왜 부장님은 그렇게 말했는지, 본부장님은 왜 그런 질문을 했는지, 팀장님이나 마케팅팀, 재무팀, 그리고 CEO는 어떤 관점에서 그런 말을 했는지 되짚어본다. 내 생각을 쓴 메모와 실제 참석자의 답변을 비교하며 무엇이 아쉬웠고, 무엇이 나았는지 등도 생각해본다. 이 과정을 반복하게 되면 다음 회의에서는 어떤 방식으로, 어떤 내용을, 왜 말해야 하는지를 점점 더 효과적으로 익힐 수 있다.

　회의에서의 발언을 잘하기 위해 자주 해야 할 실천 루틴을 정리해보자. 앞서 했던 얘기의 정리다. ❶회의 전 관점 정렬하기: 회의 주제를 회사 전체, 부서, 나 개인의 관점에서 각각 정리해 발언 포인트를 사전 준비한다. 어떤 질문이 나올 것인지를 미리 정리하고 답을 점검해본다. ❷질문 의도 파악 메모: 회의 중 나온 질문을 기록하고, 질문의 배경·의도를 함께 추측해 적는다. ❸질문-내 생각-실제 답변 3열 작성: 회의에서 오간 질문, 실제 답변, 내가 생각한 대안을 나란히 기록해 비교 학습한다. ❹사후 복기와 개선점 도출: 회의 후 주요 발언자의 관점을 분석하고, 내 메모와 실제 답변을 비교해 다음 회의에서 보완할 점을 정리한다.

나열해서 말하기

머릿속에 떠오른 생각은 입 밖으로 내뱉어야 비로소 상대의 마음과 기억 속에 자리 잡는다. 말이 쌓이고 쌓여야 비로소 상대를 설득하고 주변의 공감을 얻을 수 있다. 나아가 세상을 움직일 힘도 가진다. 그렇다고 해서 빈약한 말을 자꾸 하라는 것은 아니다. 준비되지 않은 상태에서 말을 내뱉는 것은 오히려 해가 될 수 있다. 자칫 과소평가를 받을 수도 있다. 그럼에도 꼭 필요한 자리에서는 적극적으로 발언을 해야 한다. 이때 활용할 방법을 얘기해보겠다.

먼저 "이 사안에 대해 제가 드리고 싶은 말씀은 세 가지입니다"라고 선언하고, 그 세 가지를 순차적으로 풀어나가는 것이다. 마치 오늘 발표할 내용의 목차를 미리 소개하는 것이나 다름없다. 그러면 청자는 내용을 훨씬 쉽게 따라갈 수 있다.

이는 말하고 싶은 내용을 미리 알리는 방식이기도 하다. 예를 들어 "이 사안을 두 가지 측면에서 설명드리겠습니다. 하나는 비용 절감, 다른 하나는 실행 가능성입니다." "우선 배경을 설명드리고, 이어서 문제점과 해결 방안을 말씀드리겠습니다." 이 같은 선언적 구조화(미리 순서를 밝힘)는 청자가 내용을 예측하기 쉽게, 집중하기 쉽게 도와준다. 이처럼 계획에 없던 상황이라도 하나의 메시지를 놓고 병렬형으로 근거를 뽑는 사고를 구조화하면 위기를 멋진 기회로 바꿀 수 있다.

또한, 자신이 한 말이 잘 전달되었는지를 피드백 받는 것도 매우 중요하다. 회의 중에서는 상사나 의사결정권자의 반응을 유심히 관찰하여 어떤 말이 효과적이었고, 어떤 말은 그냥 흘러갔는지 구분하는 것이다. 회의 종료 후 동료에게 "내 말이 너무 장황하지는 않았는지, 핵심이 잘 전달되었는지"를 물어보고 피드백을 받는 것도 좋다. 그러면 개선점 파악을 명확히 할 수 있다. 말의 효과성을 일종의 데이터처럼 축적해나가는 과정이다.

결국, 말하기는 순간의 기술이 아니라 지속적인 축적

의 결과를 통해 만들어진다. 생각을 글로 정리하고, 구조화한 내용을 말로 풀어 연습하고, 그 말에 대한 반응을 피드백 받아 지속적으로 개선해가는 반복 훈련. 이 과정을 거치게 되면 말은 단순한 커뮤니케이션 수단을 넘어 중요한 역량이 되고, 회의나 발표는 실전 훈련장이 되어 자신의 커뮤니케이션 자산으로 쌓이게 된다.

"선언적 구조화"를 잘할 수 있는 몇 가지 실천 루틴을 정리해보면 다음과 같다. ❶발언 구조 미리 선언: 발언 전 "세 가지로 말씀드리겠습니다"처럼 개수나 개념 구조를 먼저 밝히고 진행한다. 먼저 선언하고 그 선언에 따라 진행하는 것을 습관화한다. ❷병렬형 사고 훈련: 하나의 주제에 대해 근거·사례·대안을 세 가지 이상으로 나열하는 연습을 한다. ❸즉석 구조화 연습: 예상치 못한 질문을 받으면 "배경-문제-해결" 혹은 "비용-효과" 등 2~3단 구조로 즉시 정리해서 답하는 훈련을 한다. ❹발언 효과 기록: 회의 후 어떤 말이 주목받았는지 떠올려보고, 그 이유가 무엇인지를 파악한다. ❺동료 피드백 요청: 발언 후 동료에게 길이·명확성·핵심 전달력에 대한 피드백을 받고, 개선 포인트를 다음 회의에 적용해본다.

함께 일하기

여러 명이 모여 조직을 구성해 일할 때와 혼자서 일하는 것은 명확히 다르다. 함께 일한다는 것은 당장의 성과보다 긴 여정을 함께하며 더 크게 성장하고, 더 나은 성과를 만들어내는 것을 목적으로 한다. 그리고 각자가 가진 장점을 극대화하고, 단점은 서로 보완하며, 조화롭게 협업할 수 있음을 뜻한다. 그러기 위해서는 무엇이 필요하고 어떤 역량과 습관을 가져야 하는 걸까?

업무 공유 시스템 만들기

스타트업이나 애자일 조직은 한 사람이 책임지고 처리해야 하는 업무 범위가 넓다. 반면 일반적인 기업에서는 업무가 체계적으로 분담되어 있고, 동료와 함께 수행하는 걸로 되어 있다.

함께 일한다는 것이 책임을 나누고 정확성을 높인다는 측면에서 좋은 점도 있지만, 항상 장점만 있는 것은 아니다. 그만큼 변수가 많아지고, 내가 하고 싶은 일을 온전히 내 방식대로 하는 것도 어렵다.

상대방이 기대에 미치지 못하거나, 서로 생각의 차이가 커 간극을 좁히기 위해 조율과 타협을 해야 할 때도 있고, 그 때문에 처음 의도와 다른 결과물이 나올 수도 있다. 반면, 뛰어난 동료와 함께 일하게 되면, 내 부족함이 보완되고 결과물은 훨씬 더 나은 방향으로 바뀌기도 한다. 그래서 함께 일할 때 가장 중요한 것은 동료가 무엇을 잘하고, 어떤 부분에 한계를 갖고 있는지를 명확히 파악하는 것이다. 상대의 강점과 약점을 알아야 이후 발생할 수 있는 문제나 한계에 미리 대응할 수 있고, 강점은 더욱 키울 수 있다.

서로에 대한 일의 역량과 수준 파악은 원활한 소통 구조를 기반으로 하는 커뮤니케이션을 통해서 파악해야 한다. 그리고 이러한 과정은 눈높이를 맞추고 업무를 함께 인식하고 생각하도록 하는 기반을 마련한다. 이를 위해서는 업무 진척도와 세부 내역을 모두가 실시간으로 공유할 수 있는 시스템 구축이 필요하다. 예를 들어, 구글 독스, 오피스365, 슬랙, 노션, 에버노트 등의 협업 도구를 활용해 모든 업무 내역을 투명하게 공유할 필요가 있다.

회사마다 사용하는 시스템이나 방법 등은 조금씩 다르지만, 내가 지난 10년 동안 여러 동료와 일하면서 가장 먼저 했던 일 역시, 협업 도구를 활용해 정보 공유 시스템을 갖추는 것이었다. 투명하게 공개해야 누가 어떤 역량을 가졌는지, 무엇을 언제까지 할 수 있는지를 명확히 알 수 있다.

내가 당장 팀장, 리더, 부서장이면 모를까, 그렇지 않다면, 동료에게 역할을 부여하거나 원하는 업무를 요구할 수는 없다. 그래서 그 위치에 오르기 전까지는 동료와 상사의 업무 방식, 역할, 한계와 강점을 파악하고 이에 맞춰 일하는 준비를 해야 한다. 누가 병목 지점이 되는지, 협업 체계에 어떤 한계와 제약이 있는지, 일하는 과정에서 어떤 간극이 생기는지를 진단하고 조망하는 눈높이를 가져야 한다. 이러한 연습과 학습의 시간이 쌓여야 리더가 되었을 때 조화로운 협업 구조를 갖추고 성과를 극대화할 수 있다.

이와 관련해서 몇 가지 실천 루틴을 정리해보면 다음과 같다. ❶협업 시작 전 각자의 역할과 책임 범위를 명확히 문서로 정리하고 공유한다. ❷노션, 구글 독스, 슬랙

등 협업 도구를 통해 업무 진행 상황을 지속적으로 가시
화한다. ❸팀원별 강점·약점 파악을 위한 간단한 업무 리
뷰 회의를 분기별로 진행한다. ❹새롭게 팀에 합류한 구
성원에게는 첫 주에 업무 분담 표와 이를 소개하는 세션
을 마련한다. ❺프로젝트마다 병목 구간이나 리스크 요
소를 사전 점검하는 체크리스트를 운용한다.

학습력 키우기

프리랜서는 철저히 현재의 결과물로 평가받는다. 결과물
이 좋지 않으면 다음 기회는 없다. 하지만 조직에 속해서
일하는 것이라면 다르다. 지금은 부족하더라도 시간이
지나면 더 나아질 것을 기대한다. 다만 이 기다림이 무한
정 지속되지는 않는다. 성장은 연차가 쌓인다고 저절로
생기는 것이 아니기 때문이다. 학습을 통해 변화 대응력
을 기를 때 성장할 수 있다. 그리고 성장을 위한 노력과
그에 따른 가능성이 엿보일 때 더 나은 업무나 중요한 업
무를 할 기회를 얻는다.

그렇다면, 회사가 요구하는 "학습력"이란 무엇일까? 실제 업무와 관련해서 현장에서 배우고, 배운 것을 다음 문제에 바로 적용하는 능력을 말한다. "지식의 수집"이 아니라 "문제 해결 능력"으로의 연결을 의미한다.

이를 위해 필요한 첫 번째가 호기심이다. 호기심은 모든 학습의 출발점이다. 사소한 일에도 "왜 이걸 하지?", "왜 이런 방식으로 하지?", "왜 저 팀과 협업하게 됐지?" 같은 질문을 스스로에게 던지는 습관이 필요하다(질문하는 습관에 대해서는 앞에서도 여러 번 강조했다).

"이번 분기 매출이 기대보다 낮았는데, 외부 시장 변화와 관련이 있을까?", "이번 회의에서 본부장이 자꾸 이 포인트를 집요하게 물은 이유는 뭘까?"처럼 상황과 현상을 의심하고 맥락을 파악하려는 태도가 중요하다. 이렇게 계속해서 "왜"를 묻는 습관은 무심코 지나칠 수 있는 문제를 탐색하고, 그에 대한 해결책을 찾는 학습의 출발점이 된다.

두 번째는 관찰력과 기록 습관이다. 호기심을 갖는 것을 넘어서 그것을 자신의 언어로 정리하는 능력이다. 프로젝트를 진행하면서 겪은 시행착오를 메모해두고, 다음 유사한 업무에서 피드백 자료로 활용할 수 있다면, 그 경험은 단순한 실수가 아닌 값진 학습이 된다. 그리고 상사의 피드백이나 동료의 실수에서도 배울 수가 있게 된다. 작은 관찰과 기록을 일상의 학습 자산으로 전환하는 것이다.

세 번째는 실행을 통한 반복 학습이다. 학습은 단순히 머릿속에 넣는 것이 아니라, 몸으로 익히는 과정이다. 배운 것을 실제로 시도해보고, 또 실패를 경험하고, 피드백을 받아 개선하는 과정을 통해 진짜 나만의 것이 만들어진다. 회의에서 배운 표현을 직접 사용해 보거나, 상사의 보고 방식을 모방한 뒤 관찰 개선하는 식이다. 단순히 아는 것에만 그치지 않고, 아는 것을 바탕으로 변화를 만들어내는 능력이다.

결국 기업이 원하는 인재는 "완성된 사람"이 아니다. 오늘보다 내일, 더 나은 사람이 될 수 있는 성장 가능성을 증명하는 사람이다. 가능성은 스스로 학습하고 변화할 수 있는 내적 힘에서 나온다. 스폰지처럼 다양한 경험을 흡수하고, 자기만의 의미로 재해석하며, 다음 상황에서 응용할 수 있는 사람이야말로 조직에서 인정받으며 성장할 수 있다.

나의 학습력을 키우기 위한 실천 루틴을 정리해보자. 앞에서도 몇 번씩 나왔던 습관이다. 중복이 많을수록 중요하다고 할 수 있다. ❶매주 한 번, 현재 맡은 업무와 관련해서 "왜?"라는 질문 세 가지를 떠올려보고 스스로 답해본다. ❷업무 중 시행착오나 배우게 된 점, 동료나 상사의 피드백 중 인상 깊었던 내용, 새로운 방식이나 도구를 업무에 적용해본 다음, 이 내용을 정리하여 자신의 학습 로그를 만든다. ❸한 달에 한 번, "최근 내가 변화한 점"을 짧게라도 자문해보는 회고의 시간을 갖는다.

커뮤니케이션 스킬 키우기

함께 일하는 과정에서 가장 중요한 윤활유는 커뮤니케이션이다. 아무리 능력이 뛰어나고 결과물이 좋아도 동료와의 소통이 막히거나 불협화음을 낸다면 조직 전체의 동력은 금세 약화된다. 축구로 비유하자면, 아무리 뛰어난 개인기를 가진 공격수가 있어도 패스를 하지 않고 팀워크를 무시한다면 경기에서 이기기 어렵다는 것과 마찬가지다.

커뮤니케이션은 "성과"라는 골대를 향해 공을 굴리는 과정에서 반드시 필요한 패스와 같다. 유연한 커뮤니케이션이 단순히 말을 잘하는 능력만을 의미할까? 물론 말재주는 중요하지만, 그것이 전부는 아니다. 오히려 듣는 태도와 맥락을 파악하는 감각, 타인의 언어에 반응하는 민감성, 상황에 맞는 말의 선택이 더 중요하다. 이를 위해 필요한 첫 번째 역량은 적극적인 경청이다.

대부분은 커뮤니케이션 과정에서 자신이 말할 내용만 준비하지, 충분히 잘 들을 준비는 하지 않는다. 그러나 조직 내 커뮤니케이션은 대부분 "상대의 말"을 정확히 듣는 것에서부터 시작된다. 그리고 상대가 원하는 것이 무엇인지 말의 내용은 물론이고, 말투나 맥락을 통해서도 의도를 파악할 수 있어야 한다. 회의 중 상사가 반복적으로 "리스크 관리"를 강조한다면, 그 말 뒤에는 "불확실성에 대한 우려"가 숨어 있음을 의미한다. 이러한 감정을 읽고 반영하는 것이 유연한 커뮤니케이션의 핵심이다.

두 번째는 관계에 따른 메시지 톤 조절 능력이다. 직급이 높은 사람과 이야기할 때, 동료에게 말할 때, 후배에게 피드백을 줄 때, 말의 방식은 달라야 한다. 누구에게나 똑같은 방식으로 소통하면 의도는 제대로 전달되지 않고, 오히려 오해를 불러올 수 있다. 예컨대, 후배에게는 "이렇게 해봐"라고 직접 제안해도 좋지만, 상사에게는 "이런 접근도 고려해볼 수 있을 것 같습니다"처럼 존중과 제안을 동시에 담아야 한다. 말의 내용뿐만이 아니라, 상황에 맞는 표현 선택에도 신중해야 한다.

세 번째는 비언어적 소통의 활용이다. 커뮤니케이션은 말로만 이루어지지는 않는다. 표정, 눈빛, 자세, 리액션, 심지어 메신저에서의 이모티콘이나 말투까지도 모두 커뮤니케이션이다. 팀원이 제안한 아이디어에 상사인 내가 눈을 피하거나 반응을 보내지 않는다면, 그것은 말은 하지 않았지만 "거절"의 메시지를 보내는 것이 된다. 유연한 커뮤니케이션은 이러한 비언어적 요소까지 통제하고 배려할 수 있는 민감함에서 출발한다. 이는 단순히 매너가 아니라, 협업 효율과 분위기에 직접적인 영향을 주는 전문적 역량이다.

마지막은 상대방 중심의 소통에서 출발하는 것이다. 내가 하고 싶은 말보다, 상대가 듣고 싶은 말이 무엇인지 먼저 파악하고, 어떻게 말하면 가장 잘 받아들여질지를 고민한다. "말을 잘하는 능력"이 아니라 "말이 통하게 하는 능력"이 진짜 경쟁력임을 알아야 한다.

커뮤니케이션은 단기간에 습득되는 기술이 아니다. 회의나 협업 그리고 보고 중에도 상대의 반응을 관찰하고 피드백을 기록하며 스스로 개선해 나가는 것이다. 나의 말이 잘 통했는지, 오해가 있었는지, 불필요한 감정의 골이 생기지는 않았는지 매번 점검하고 수정하는 것이 중요하다. 이러한 반복 과정을 거치면서 커뮤니케이션 스킬은 점점 날카로워진다.

조직에서 오래 신뢰받고 함께하고 싶은 사람은 말재주가 뛰어난 사람이 아니라, 사람과 상황에 따라 다르게 말할 줄 아는 사람이라는 것을 꼭 기억하자. 말하는 기술보다는 듣는 민감성, 주장보다는 조율하는 배려, 자신만의 화법보다는 모두가 이해할 수 있는 소통의 언어를 가진 사람이 팀의 중심이 되고 조직의 시너지를 이끌어낸다.

유연한 커뮤니케이션 스킬을 기르기 위해 필요한 실천 루틴을 정리해보면 다음과 같다. ❶회의나 대화 중 상대의 감정이나 의도를 유추해보는 "듣기 연습"을 매일 실천한다. ❷업무 메시지를 전할 때는 수신자의 입장에서 "톤"을 한 번 더 점검한 뒤 전송한다. ❸중요한 대화 후에는 비언어적 반응(표정, 반응 속도 등)을 떠올려본다. ❹다양한 상황("제가 도울 것은 없을까요?" "이 문제는 제가 해결하겠습니다" "이렇게 진행되면 기대하는 성과 달성이 어렵습니다" "우선 당면 과제는 잊고 좀 걸으면서 이야기할까요?")에 어울리는 말투 3~5개 정도를 시뮬레이션해보며 대화 연습을 한다. ❺커뮤니케이션 충돌이 있었다면 이유가 무엇이고, 어떻게 말하는 것이 나았는지를 복기해본다.

하기 싫은 일 더 잘하기

일을 잘한다는 것은 단순히 "능력"의 문제가 아니다. 해야 할 일을 끝까지 책임지고 마무리할 수 있는 "책임"의 문제다. 대부분 사람은 "하고 싶은 일"에는 열정을 쏟지만, "해야만 하는 일"에는 쉽게 동기와 집중력을 잃는다. 하지만 업무란 본질적으로 원치 않아도 해야 하는 일의 연속이다.

알다시피, 일이란 늘 재미있거나 의미 있거나 창의적이지 않다. 오히려 반복적이고 지루하거나, 때로는 갈등을 감수해야 하는 것이 더 많다. 누구나 회의 정리, 보고서 초안 작성, 사후 조율 등 지루하고 번거로운 일은 피하고 싶어 한다. 하지만 조직에서는 그런 일을 꿋꿋이 해내는 사람이 실무의 신뢰를 얻고 더 중요한 기회를 얻는다. 결국 "일을 잘한다"는 평가는 하고 싶지 않은 일을 얼마나 책임감 있게 잘 수행하느냐에 따라 결정된다고 봐도 된다. 그것이 바로 책임감이고 뚝심(굳세게 버티어 내는 힘)이다.

책임감과 뚝심은 타고나는 것이 아니다. 습관을 통해서 길러진다. 몇가지를 살펴보자. 첫 번째, 일의 우선순위를 내 감정이 아니라 업무의 중요도에 따라 정리하는 습관이 중요하다. 예를 들어, 출근하자마자 하고 싶은 일부터 손대기보다는 오늘 꼭 끝내야 하는 일, 미뤄뒀던 중요한 일부터 먼저 처리하는 루틴이다. 감정 중심이 아닌 책

임 중심의 업무 순서 정리 습관이 뚝심을 기르는 첫걸음
이다.

두 번째, 작은 약속이라도 스스로 정하고 반드시 지
키는 습관이 필요하다. "이 문서는 오전까지 정리한다",
"이 메일은 30분 안에 답장한다"처럼 사소한 약속이라
도 정한 시간을 넘기지 않고 마치는 연습이 중요하다. 작
은 약속을 지키는 태도가 쌓이면, 어떤 업무든 "맡은 일
은 해낸다"는 평판으로 이어질 수 있다.

세 번째, 하고 싶지 않은 일을 시작할 수 있는 "트리
거"를 만드는 습관이 필요하다. 예를 들어 "기획안 초안
을 쓰기 전에 템플릿을 열고 5분만 타이핑한다"처럼 시
작을 쉽게 하는 루틴을 만드는 것이다. 사람은 가장 하기
싫은 일 앞에서 시작 버튼을 누르지 못하고 시간을 허비
한다. 하지만 "일단 시작하는 루틴"을 만들어두면 하기
싫은 일에도 생각보다 빠르게 몰입할 수 있다. 이를 위해
서는 일을 잘게 쪼개어 할 일을 나열하고, 이 중 당장 할
수 있는 것부터 시작하는 것이다(앞서 "나의 기본기"로 제
시한 "10분 만에 처리할 수 있는 일부터 끝낸다"를 기억하자).
한마디로, 힘이 아니라 시작하는 기술이다.

또 하나 중요한 것은 "해야만 하는 일"의 의미를 스스로 찾아보는 습관이다. 단순히 하기 싫은 일이라고 피하기보다는 왜 이 일을 해야 하는지 자문하고, 맥락을 해석해보는 것이다. 고객 응대 후 피드백 정리의 일이 지루하게 느껴질 수 있지만, 이것이 향후 제품 개선이나 마케팅 전략에 쓰일 수 있다고 생각하면 일의 가치는 달라진다. 이처럼 일과 의미를 연결하는 고리를 찾아내는 연습은 감정 기복 없이 꾸준히 일하는 힘을 키워준다.

실제로 조직에서는 "새로운 아이디어를 잘 내는 사람"보다 "정해진 일을 매번 성실히 해내는 사람"이 훨씬 더 깊은 신뢰를 얻는다. 리더가 원하는 팀원 역시 매일 눈부신 성과를 내는 슈퍼스타보다 무난하게 꾸준히 해야 할 일을 제시간에 마무리하는 신뢰형 인재를 원한다. 그런 사람이야말로 함께 일하고 싶은 동료이며, 결국 더 큰 기회를 부여받는다.

결국 일 잘하는 사람은 "하고 싶은 일만 하는 사람"이 아니라, 해야만 하는 일을 지루함 속에서도 해내는 사람이다. 감정이 아니라 책임으로 일하고, 감흥이 아닌 습관으로 뚝심을 키우는 것이 진짜 실무력이자 조직이 원하는 지속 가능한 성과의 원천이다.

지금까지 얘기한 것들을 매일 실천하는 루틴으로 정리해보면 다음과 같다. ❶하루를 시작할 때 "오늘 반드시 끝내야 할 일" 한두 가지를 먼저 정한다. ❷사소한 일이라도 스스로 정한 마감 시간을 반드시 지키는 훈련을 반복한다. ❸하기 싫은 일을 시작할 때 활용할 "진입 루틴(예: 3줄 요약, 5분 타이머)"을 만든다. ❹"하기 싫었지만, 잘해낸 일" 반대로 "익숙하게 하려고 했지만, 좀 더 다르게 한 일"을 자문해보고, 일과 감정을 분리하는 연습을 한다. ❺모든 업무는 아니지만, "이 일이 왜 중요한가"를 스스로에게 설명해보는 의미 되새김도 업무 시작 전 꼭 해본다.

낭비 없는 회의 하기

회의는 조직에서 가장 자주 열리는 협업 활동이자 가장 많은 사람의 시간을 뺏는 업무이기도 하다. 발표(프레젠테이션)는 시작과 끝이 분명한 반면, 회의는 끝나고도 정리되지 않은 느낌이 남을 때가 있다. 모두가 열심히 말했지만 회의가 끝난 후 "그래서 어떻게 하자는 거지?"라는 질문이 떠오른다면, 그 회의는 실패한 것이나 다름 없다.

회의를 잘한다는 것은 뭘까? 내가 생각하기로 좋은 논의를 열심히 하는 것보다 명확한 결론과 실행 계획으로 마무리를 짓는 것이다. 회의가 비효율적인 이유는 논의 자체에만 머물러 있기 때문이다. 서로의 의견을 나누고 다양한 관점에서 교환하는 데서 끝나버리고, 구체적으로 누가 무엇을 어떻게 할 것인지는 도출하지 않는다. 그래서 회의가 끝났음에도 그 다음이 모호하다. 그리고 참석자들은 각자 다르게 이해한 채 각자의 자리로 흩어진다. 이런 회의 결과는 후속 실행을 막고 책임을 불분명하게 하며, 같은 주제로 또다시 회의를 반복하게 하는 악순환으로 이어진다.

잘된 회의를 하려면 반드시 "결론과 계획으로 귀결되어야" 한다. 이것은 회의 중간에 갑자기 만들어지는 것이 아니라, 처음부터 결론과 실행을 염두에 두고 회의가 설계되어야 함을 의미한다. 참여자들 역시 그 같은 생각을 하고서 참여해야 한다.

이러한 것을 잘하기 위한 첫 번째 습관은 회의 시작 전에 목적과 기대 산출물을 명확히 공유하는 것이다. 단순히 회의 주제만 전달하는 것이 아니라, 이 회의를 통해 어떤 의사결정을 할 것인지, 어떤 실행 항목을 정리할 것인지, 회의 초반에 분명히 밝히는 것이다. 예컨대 "이 회의는 고객 클레임 대응 방안을 정리하는 것이며, 마케팅 팀과 대응 일정을 확정하는 것이 목표입니다"처럼 목적과 아웃풋을 선언하면, 참석자들도 논점을 흐트러뜨리지 않고 목적 지향적으로 참여할 수 있게 된다.

두 번째는 중간중간 요약과 정리를 반복하는 습관이다. 회의가 감정이나 논쟁으로 흐르기 쉬울 때, "지금까지 나온 내용을 정리하면 두 가지 방향이 있습니다. A는 고객 관점에서, B는 비용 관점에서 타당성이 있는데요…"처럼 논의를 구조화해주는 중간 요약자가 있어야 한다. 회의 흐름을 정리하고 다시 실행으로 끌어오는 의식 있는 태도를 가진 누군가다. 이 역할은 꼭 회의 주최자가 아니어도 된다.

세 번째는 회의 종료 직전에 반드시 결론과 다음 행동을 정리해 말로 선언하고, 문서로 남기는 습관이다. 예를 들어 "회의 결과 정리하겠습니다. A안으로 진행하기로 결정했고, 김 대리님이 수요일까지 초안을 작성합니다. 박 차장님은 목요일까지 검토 의견을 취합해주세요."처럼 말하는 것이다. 이때 중요한 것은 "누가", "무엇을", "언제까지" 할 것인지를 명확히 지정하는 것이다. 말로 정리하고 슬랙이나 이메일, 회의록 등으로 바로 공유하면 후속 실행으로 바로 이어질 수 있다.

이러한 회의 문화를 몸에 배게하려면, 결과와 실행 중심으로 회의 내용을 메모하며 회의에 참여하거나 이끄는 것이 필요하다. 즉 발표 내용만 받아적는 것이 아니라, 논의 중간마다 "이건 누가 하지?", "이건 언제까지 하지?" 질문을 스스로 머릿속에 던지며 회의에 참석하는 것이다. 스스로를 회의를 듣는 수동적 참석자라고 생각하는 것이 아니라 "실행을 위한 정리자"라고 생각하는 것이다. 이런 습관을 갖고 있으면, 결론이 있는 회의가 일상화된다. 어떤 회의를 하든 구체적인 결론은 물론 누가 언제까지 무엇을 해야 하는지에 대한 명확한 실행안까지도 도출할 수 있다. 이는 리더의 가장 중요한 역량이기도 하다.

회의는 말로 끝나는 시간이 아니라 실행의 시작점이 되어야 한다. 실행은 우연히 되지 않는다. 철저한 계획 속에서 시작된다. 회의에서 결론과 계획을 분명히 맺을 수 있는 사람, 논의 속에서 책임과 일정을 연결 지을 수 있는 사람이 실제 행동으로도 매듭지을 수 있다. 그리고 그런 사람이 조직 전체의 생산성을 바꾼다.

통상적으로 회의에서는 이런 역할을 리더가 했다. 그런데 리더가 부재하거나 회의를 이끌 상황이 아니라면, 내가 나서서 그 역할을 담당할 필요가 있다. 그러기 위해서는 회의 진행 연습도 사전에 많이 해두면 좋다.

지금까지의 내용을 모아서 실천 루틴으로 정리해보면 다음과 같다. ❶회의 시작 시, 회의의 목적과 오늘의 결정 지점을 1분 내로 선언한다. ❷논의 중 10~15분마다 지금까지 논의 결과를 요약하는 일을 한다. 구두 또는 화이트 보드로 정리해본다. ❸회의 종료 전에는 반드시 담당자, 과제, 마감일을 지정해 문서로 정리한다. ❹회의 후 30분 이내에 회의록을 공유하고, 참석자 모두에게 확인 메시지를 요청한다. ❺회의 참여 중에는 "이건 누가? 언제까지?" 질문을 습관적으로 마음속에 되뇌며 참여한다.

회사에서 함께 일한다는 것은 단순히 "결과"로만 일하는 것이 아니라 "과정"을 함께하는 것이다. 과정에서 가장 빈번히 오가는 소통이 바로 피드백이다. 피드백은 지적이나 칭찬이 아니라, 동료 간 신뢰를 바탕으로 서로의 성장을 돕고 성과를 다듬어가는 중요한 커뮤니케이션 도구다. 그런데 의외로 많은 사람들이 피드백을 주는 것도, 반대로 받는 것도 어려워 한다.

특히 조직에서는 피드백을 비판이나 비난, 혹은 평가로 받아들인다. 그래서 방어적으로 대응하거나 반대로 지나치게 수세적인 태도로 임한다. 하지만 진짜 일 잘하는 사람은 피드백을 감정의 문제로 보지 않고, 업무 개선과 관계의 신뢰 회복 기회로 인식한다. 결국 일을 잘한다는 것은 피드백을 잘 주고받는 습관을 갖는 것에서 시작된다.

피드백을 잘 주고받기 위해 필요한 구체적인 습관은 무엇일까? 첫 번째는 행동을 중심으로 이야기하는 것이다. "너는 왜 그래?"가 아니라 "이번 보고서에서 이 구조가 조금 더 명확했으면 좋겠어요”처럼 사람 자체가 아니라 구체적인 행동에 초점을 맞춘다. 이렇게 하면 듣는 사람도 방어적으로 반응하지 않고, 개선의 여지를 더 열린 태도로 받아들인다. 업무 피드백을 줄 때도 “이번 프로젝트에서는 어떤 점이 좋았고, 어떤 점은 다음에 이렇게 하면 더 나을 것 같아요”처럼 “관찰-의견-제안”의 세 단계로 말한다. 그러면 전달력이 높아진다.

두 번째는 즉시 하는 습관이다. 피드백은 신선할 때 해야 한다. 프로젝트가 끝난 뒤 한참 지난 다음에야 지적하면, 이미 감정은 식었고 당사자는 기억조차 희미하다. “방금 그 제안서, 저 포인트 아주 좋았어요”처럼 잘한 점은 짧게라도 그 자리에서 빠르게 긍정의 메시지를 전하고, 개선이 필요한 부분도 회의 직후나 업무가 끝난 직후 바로 이야기하는 것이 좋다.

세 번째는 피드백을 받을 때 방어보다 감사의 태도로 듣는 습관이다. 누구나 지적을 들으면 당황하거나 억울한 감정이 먼저 든다. 하지만 의도적인 비판이 아니라, 함께 더 나은 결과를 위한 제안이라는 인식 전환이 필요하다. “지적해줘서 고맙습니다. 말씀하신 부분은 곰곰이

고민해보겠습니다"처럼 즉시 반응해서 상대에게 인정과 호감을 표시한다. 그런 다음에는 상대의 피드백을 어떻게 반영할 것인지 심사숙고한 후 후속 행동으로도 이어지는 태도를 보여준다. 피드백을 "자료"처럼 수집하고 다음 업무에 적용하는 것이다.

네 번째는 공식적인 자리뿐만이 아니라 비공식적인 상황에서도 피드백을 주고받는 루틴을 만드는 것이다. 회의 때마다 형식적으로 주고받는 것에 그치지 않고, 프로젝트가 끝난 뒤 커피를 마시면서 "이번에 제가 도운 방식 어땠어요?"라고 직접 묻거나, 슬랙이나 메신저로 "이번 안건에 대해 개선할 점 있으면 알려주세요"라고 먼저 피드백을 요청한다. 겸손함과 개선 의지를 보여주는 신호가 된다.

피드백은 일의 완성도를 높이는 도구일 뿐만이 아니라, 동료 간 관계의 밀도를 높이는 도구이기도 하다. 신뢰는 칭찬으로만 쌓이지는 않는다. 아쉬운 부분을 솔직하게 말해도 괜찮다는 "심리적 안전감"이 있어야 진짜 신뢰가 생긴다. 그런 팀은 더 빠르게 성장하고, 더 단단한 결과를 만들어낸다.

정리해보자. 일 잘하는 사람이 되기 위해서는 피드백을 감정으로 보지 않고, 업무를 더 잘하기 위한 데이터로 봐야 한다. 피드백을 잘 주는 사람은 조직의 신뢰를 얻고, 피드백을 잘 받는 사람은 스스로를 한층 더 성장시킨다. 그리고 이 둘을 모두 잘 해내는 사람은 "함께 일하고 싶은 동료"로 선택받을 확률이 높아진다.

피드백을 잘 주고 받기 위해 자주 실천하면 좋은 것들을 정리해보자. ❶피드백은 "행동 중심"으로 이야기하고, 반드시 "개선 제안"을 함께 전달한다. ❷긍정 피드백은 가능한 빠르게, 사소한 것이라도 즉시 표현하는 습관을 갖는다. ❸피드백을 받은 뒤에는 감정적인 반응을 하기 보다 "사실과 근거"를 기준으로 수용 여부를 판단한다. ❹프로젝트 종료 후에는 커피챗, 메신저 등으로 비공식 피드백을 먼저 요청해본다. ❺피드백 내용과 반영 결과를 정리한 피드백 저널을 개인적으로 별도로 운영하는 것도 좋다.

조직에서 일하다 보면 말을 많이 한다고 존재감이 생기는 것도 아니고, 말을 아낀다고 현명해 보이는 것도 아니다. 중요한 것은 단순히 말을 잘하는 것보다 "언제 나서야 하고 언제 물러나야 할지"를 판단할 줄 아는 것이다. 그런 사람이 더 신뢰를 받는다.

내가 지난 30년간 다양한 조직과 업무를 경험하며 빠르게 인정받고 평가받을 수 있었던 이유는, 말하지 않아야 할 때를 잘 알고 입을 다무는 "말재갈" 덕분이었다. 나는 내가 가진 지식과 경험, 정보를 뽐내려고 나도 모르게 나서는 상황이나 나서지 않아도 되는 순간에 말하려는 태도를 늘 경계해왔다.

회의나 협업 상황에서 모든 사람이 자기 주장만 앞세우면 논의가 산으로 간다. 반대로 아무도 나서지 않으면 논의는 공회전하거나 결정이 미뤄지기 십상이다. 그렇기에 지금이 내가 나설 타이밍인지, 반대로 경청하며 흐름을 보는 것이 나은지, 이를 구분할 줄 아는 것이 중요하다. 이 감각은 직급이 높거나 경험이 많다고 저절로 생기는 것이 아니다. 관찰과 실전 속에서 길러진다.

이러한 감각을 잘 기르기 위한 첫 번째 습관은 "회의 중 3초 멈춤" 원칙이다. 말하고 싶은 순간에도 무작정 말하지 말고 머릿속으로 "지금 말하면 이 흐름을 살릴까, 끊을까?"를 스스로에게 물어보는 것이다. 3초만 멈추고 주변 반응을 읽으며 흐름을 본다면, 발언의 타이밍은 훨씬 정교해진다. 나서는 것보다 "잘 끼어드는 것"이 더 중요하기 때문이다.

두 번째는 리더(상사)가 있을 때와 없을 때를 구분하는 습관이다. 공식적인 회의에서는 팀장이나 의사결정권자의 리드에 따라, 나서야 할 타이밍이 달라진다. 리더가 주도하는 상황에서는 핵심 질문에만 명확히 응답하고, 논쟁이나 이슈가 있는 사항은 우선 함구하되(별도로 메모해서 차후 상사와 따로 논의할 수 있도록 한다), 상사의 코멘트와 각 이해관계자의 반응을 보며 후속으로 어떤 것을 보완할지 참고할 수 있도록만 해야 한다. 특히 최고경영자(CEO)나 회장 같은 리더의 질문에는 짧고 명확하게 답하는 것이 중요하다. 단답형 질문에는 "예", "아니오"로 응답하고, 서술형 질문에는 핵심 메시지부터 말한 뒤 부연 설명을 이어서 덧붙이는 식으로 답한다. 반면, 대화를 이끌 리더가 부재한 상황이라면 망설이지 말고, 구조를 잡고 대화의 흐름을 만들어야 한다.

세 번째는 조직 내 "공간 감각"을 익히는 습관이다. 어떤 자리에서는 말하는 것보다 요약하거나 정리하는 역할이, 또 어떤 자리에서는 아이디어를 제시하는 역할이 더 필요하다. 자신의 말이 지금 이 자리에서 어떤 역할을 하고 있는지 항상 점검해야 한다. 말은 콘텐츠가 아니라 그 자리에 필요한 "기능"이다. 내 말이 흐름을 살리는지, 무게를 더하는지, 분위기를 정리하는지 잘 알아야 한다. 나는 실제로 회의 중간중간 수시로 요약과 정리를 한다. 타인의 발언 내용과 그간 협의된 사항들을 정리하면서, 내 의견도 이어서 덧붙인다.

네 번째는 보상은 남에게, 책임은 나에게 두는 태도를 일상화하는 습관이다. 나설 때는 결과에 대한 책임을 감수하고, 물러설 때는 공을 다른 사람에게 돌리는 태도를 취한다. 이런 자세가 반복되면 "신뢰할 수 있는 사람", "겸손한 사람"으로 자리매김한다. 이는 단순한 겸손이 아니라 조직 내 나의 존재감을 지혜롭게 설계하는 방법이 된다. 내가 기여한 일은 시간이 지나면 드러나게 된다. 당장의 과시욕이나 자화자찬보다 동료와 팀에게 공을 돌리는 것이 진짜 신뢰를 쌓는 비결이다.

조직은 목소리가 큰 사람보다 빈틈을 읽고 채워주는 사람을 필요로 한다. 누구나 나서고 싶고 인정받고 싶지만, 판단의 타이밍을 아는 사람, 즉 말보다 맥락을 읽고 공간을 조율할 줄 아는 사람이 진짜 영향력을 가진다. 그리고 이런 감각은 반복되는 협업 속에서 의식적인 판단과 실천을 통해 습관화된다.

마지막으로, 나설 타이밍을 아는 방법에 대한 실천 루틴을 정리해보자. ❶발언하기 전 "지금 내 말이 흐름에 어떤 영향을 줄까?"를 3초간 고민한다. ❷리더가 주도하는 회의에서는 보완·정리 역할을 하고, 리더가 없을 땐 내가 대화 구조 제시자로 나선다. ❸회의 중 나의 발언이 정보 전달, 정리, 방향 제시 중 어떤 기능을 하는지를 인지한다. ❹회의 중 다른 사람에게 성과를 넘기는 기회를 의도적으로 만든다. ❺"말의 양"보다 "자리와 타이밍"에 주목한다.

혼자 일하기

혼자 일하는 프리랜서나, 1인기업가, 1인사업자의 인기가 갈수록 증가하고 있다. 근무 시간이나 형태가 다양하고, 하고 싶은 일을 원하는 때 할 수 있는 자유로움 덕분이다. 물론 일이 끊기지 않아야 안정적인 수익이 가능하기에 혼자 일하는 사람 모두가 경제적으로 풍족함을 누리는 것은 아니다. 그럼에도 생성형 AI를 비롯한 각종 AI 도구의 보급은 기존의 일자리가 불안정해지는 상황에서 강력한 무기 역할을 한다. AI를 활용하는 것 외에도 혼자서 일을 잘하기 위해 꼭 필요한 습관은 무엇이 있을까?

시작보다 중요한 일단 앉기

혼자 일할 때 가장 어렵고도 중요한 것은 "시작"이다. 대부분의 혼잘러들이 업무 루틴을 망치는 이유는 능력 부족이나 시간 부족 때문이 아니다. 일을 시작하는 스타트를 끊지 못하고 시간을 흘려보내기 때문이다. 즉 실행이다. 마음속으로는 해야 할 일을 알고 있고, 머릿속에는 아이디어도 있지만, 막상 실행에 들어가지 못하고, 망설이며 머뭇거리다 하루를 놓친다.

조직에는 출근이라는 물리적 시작이 있고, 팀 회의나 마감이라는 외부 자극이 있다. 그래서 강제로(?)라도 일을 하게 된다. 하지만 혼자일 때는 그런 강제가 없다. 물론 일이 생기면 마감일 때문에라도 시작하게 되겠지만, 그렇지 않다면 시작의 조건을 스스로 만들어야 한다. 이때 가장 효과적인 것은 거창한 계획이 아니라 무조건 자리에 앉는 습관을 들이는 것이다.

"일단 앉기"는 단순해 보이지만 혼자서 일하는 사람에게는 없어서 안 될 강력한 루틴이다. 일하고 싶은 마음이 없어도, 무엇을 해야 할지 모르겠는 날에도, 습관적으로 책상에 앉는 것만으로도 일의 반은 시작된다. 어쨌거나 자리에 앉게 되면 메일함을 열고, 브라우저를 띄우고, 어제 열었던 파일을 다시 클릭하게 된다. 그 흐름 속에서 일은 자연스럽게 시작된다.

빠르게 업무를 시작하기 위해서는 의식처럼 반복되는 "일 시작 루틴"을 만들어서 실천하는 것도 도움이 된다. 예컨대 매일 같은 시간 커피를 내리고, 같은 음악을 틀고, 노트북을 여는 일련의 행동을 몸에 익히는 것이다.

이 작은 루틴이 뇌를 "일하는 모드"로 전환해준다.

결국 혼자서도 일을 잘하는 사람은 늘 좋은 컨디션을 유지하는 사람이 아니라, 컨디션과 상관없이 항상 그 자리에 앉아서 시작하는 사람이다. 행동이 의지를 만든다는 사실을 잊지 말자. 먼저 자리에 앉은 사람이 다음 행동을 선택할 수 있고, 그다음 성과도 만들 수 있다.

실천 루틴을 한번 정리해보자. ❶고정된 시작 시각과 장소를 만들자. 매일 아침 9시, 시작의 환경을 동일하게 한다. ❷업무 시작 의식을 만들자. 커피 내리기, 음악 한 곡 듣기, 메모장 열기 등의 루틴을 만든다. ❸"보고서 쓰기"보다 "노트북 켜기"같은 바로 실행에 옮길 수 있는 것으로 일의 시작점을 잡는 것도 좋다. ❹타이머를 활용 "5분 만에 업무 시작하기" 같은 미션을 스스로 실천해도 좋다. 일단 앉고 나면 그다음은 의외로 쉽다.

몰입을 방해하는 것들 없애기

일단 자리에 앉아 일을 시작했다. 하지만 계속해서 집중을 유지하기는 어렵다. 특히 혼자라면 타인의 시선이나 관계에서 생기는 긴장감이 없기 때문에 더더욱 그렇다.

사실 집중은 의지의 문제가 아니라 환경의 문제다. 아무리 마음을 다잡고 "오늘은 제대로 해보자"고 결심해도, 스마트폰 알림, 미뤄둔 설거지, 엉켜 있는 케이블, 어수선한 책상 위가 먼저 눈에 들어오면 일은 시작도 못 하고 주변 정리에만 몇 시간을 허비한다. 이런 요소들이 하나하나는 사소해 보여도, 합쳐지면 집중력의 기반을 뿌리채 흔든다.

혼자 일하는 사람은 누가 대신해서 일할 환경을 만들어주지 않는다. 내 일터는 내가 만들어야 하고, 몰입을 해치는 방해 요소 역시 내가 자각하고 제거해야 한다. "무엇이 나의 흐름을 끊는가"를 파악하고, 그것을 의도적으로 차단해야 한다.

일 시작 전, 혹은 중간중간 무심코 스마트폰을 들여다보는 습관이 있다면, 폰을 시야에서 완전히 치워 버리자. 음악을 들으며 일하고 싶다면, 매번 검색하지 않도록 일하기 전용 BGM을 재생 목록으로 미리 만들어두는 것도 좋다. 종이와 펜이 필요한데 매번 찾느라 책상을 뒤적인

다면, 자주 쓰는 도구 트레이를 고정된 자리에 배치해두는 것만으로도 작업 흐름이 매끄러워진다. PC의 파일 배치나 바탕 화면을 어떻게 꾸미느냐도 마찬가지 관점에서 들여다볼 필요가 있다. 이 모두 즉각 실행할 수 있도록 정돈해두는 것이다.

또한, "하루에 한 번만 확인하면 될 것"을 계속 들여다보는 습관도 몰입을 해치는 주범이다. 이메일이나 메신저를 10분마다 확인하기보다는 정해진 시간에만 열어보는 루틴을 들이면 불필요한 반응적 행동을 줄이고 몰입시간을 확보할 수 있다. 혼잘러에게 몰입이란 극적인 "집중의 순간"이 아니라, "방해받지 않는 환경의 일상화된 상태"다. 즉 집중력을 키우는 것이 아니라 산만함을 줄이는 것이 먼저다.

나는 회사에 소속되지 않고 프리랜서로만 일할 당시, 밤 열한 시가 넘어서야 비로소 집중할 수 있었다. 아침이나 낮에는 전화벨 소리, 주변 소음, 카톡 문자, 주변 사람들 움직임 등 물리적인 방해 요소를 통제하기 어려웠다. 그래서 산만해지기 일쑤였다. 하지만 밤 열한 시 이후에는 주변이 고요해지면서 방해 요소가 사라졌고 덩달아 집중력도 높아졌다. 물론 이 시간대에도 스스로 산만함에 빠질 수 있다. 그래서 나는 커튼을 닫고 조명을 집중하기 좋은 분위기로 바꾸고, 온도와 습도도 일하기 적절한 상태로 맞추고, 스마트폰도 방해 금지 모드로 해두었다. 이렇게 만든, 루틴화 된 방해 없는 일곱 시간의 환경이 하루의 성과를 바꾸었다(밤낮이 바뀐 일상이었지만).

이처럼 혼잘러는 몰입을 방해하는 요소를 줄이고, 집중을 위한 환경을 설계할 필요가 있다. 그동안 얘기한 것들을 정리해보자. ❶스마트폰은 다른 방에 두거나, 최소한 책상 위에서는 치운다. 방해 금지 모드와 타이머 기능 앱을 적극 활용한다. ❷작업 공간은 전날 미리 정리해둔다. 일을 시작하고서 이것저것 정리하는 데 에너지를 쓰지 않도록 한다. ❸자주 쓰는 도구는 고정된 자리에 배치한다. 펜, 노트, 타이머, 헤드폰은 트레이에 담아 항상 같은 위치에 둔다. ❹브라우저 탭은 다섯 개 이내로 유지하고, 유튜브·뉴스·쇼핑 사이트는 의도적으로 접속하지 않는다. ❺메신저와 카톡 그리고 메일을 열어보는 주기도 정한다. 알림이 올 때마다 확인할 것과 그렇지 않을 것을 구분해 둔다.

끝내야 할 일에 우선 집중하기

혼자 일하는 사람의 일정표는 언제나 빽빽하다. 해야 할 일은 늘 많고, 하고 싶은 일도 넘쳐난다. 하지만 하루가 끝나고 나면 "일은 많이 한 것 같은데 딱히 완성된 결과물이 없다"는 느낌을 받을 때가 적지 않다. 집중해서 일을 하긴 했지만, 끝내지 못한 일과 진행 중인 일만 쌓여가는 것이다.

진짜 경쟁력은 일의 양이나 복잡도에 있지 않다. 실제로 무엇을 끝냈는가 하는 완료된 결과물로 자신을 증명하는 것에 있다. 끝까지 밀고 나가 완성하는 힘이 혼자 일하는 사람에게 있어서는 성과를 쌓는 핵심이다. 그래서 중요한 것이 "해야 할 일(To-Do)"이 아니라 "끝내야 할 일(Done)"을 중심으로 하루를 설계하는 태도다.

해야 할 일은 수십 가지가 될 수 있다. 하지만 오늘 안에 반드시 끝내야 할 일은 많아 봐야 두세 개다. 이를 먼저 정의하지 않으면 하루는 자잘한 작업에 분산되고 끝나지 않은 일들로 머릿속은 복잡해진다.

테크 라이터로 일하던 시절, 나는 하루에 블로그 포스

팅 기획 3건, 차기 원고 주제 점검, 회신할 메일 등 10여 가지 업무를 매일 해야 했다. 하지만 실제로 그날 반드시 해야 하는 일은 클라이언트에게 제출해야 할 원고 작성 단 하나뿐이었다. 그럼에도 오전 내내 자잘한 일에 시간을 쓰고, 오후 늦게서야 원고 작업을 시작, 결국에는 마감 시간이 다가왔을 때 급하게 완성하는 일을 반복했다. 열심히 일은 했지만, 끝내야 하는 일은 여전히 해결되지 않은 채 남아있는 전형적인 오류였다.

하루의 에너지를 가장 먼저 "완료가 필요한 일"에 집중해야 한다. 이것은 능률의 문제를 넘어, 심리적인 해방감과 자신감을 높여주는 원천이 된다. 단 하나라도 마감 전에 마칠 수 있다면, 훨씬 가볍고 피로감도 줄어든채 일할 수 있다. 반대로 아무것도 끝내지 못한 채 하루가 마무리되면, 자기 효능감은 떨어지고, 다음 날의 집중력까지 무뎌진다. 더 심각한 문제는 그러다 마감을 넘겨버리면 결과적으로 클라이언트의 신뢰를 잃고, 다음 일감도 끊겨, 경제적 타격으로도 이어질 수 있다는 점이다.

그래서 추천하는 방법은 하루를 시작할 때 "오늘 반드시 끝내야만 하는 일이 무엇인지"를 명확히 선언하고, 이를 중심으로 모든 작업의 순서를 정렬하는 루틴이다(추가로 10분 안에 끝낼 수 있는 일은 바로 그 자리에서 진행한다는 것도 명심하자). 매일 중요한 하나의 일을 제대로 끝내기만 해도 일주일이면 일곱 개의 결과물이 쌓인다. 이처럼 작은 완성이 반복되면 성과의 복리가 시작된다.

실천 루틴을 정리해보자. ❶오늘 반드시 끝내야 할 한두 가지를 최상단에 적어둔다. 즉 "Done 리스트"를 먼저 적고, 이어서 "To-Do 리스트"를 적는다. ❷작업의 우선순위를 "긴급도"보다 "완료 필요성" 중심으로 판단한다. ❸작업 시간 블록은 "시작 시각"이 아니라 "완료 목표 시점"으로 설정한다. (예: 오후 1시까지 최종본 제출 완료) ❹업무 완료 후에는 체크 표시를 가시화한다. Done 체크가 주는 성취감은 다음 몰입의 연료 역할을 한다. ❺매일 최소 1개의 "완성 경험"을 만들기 위한 작은 단위 업무 분할을 습관화한다. (예: 제목 정하기 → 서론 작성 → 본문 첫 단락 완료 등)

25분 집중, 5분 회복 리듬 설계하기

혼자 일하다 보면 시간 감각을 잃기 쉽다. 몇 시간 동안 집중해서 일했다고 생각했는데, 알고 보면 이메일을 잠깐 쓰고, 스마트폰을 몇 번 확인하고, 브라우저를 이리저리 넘기다 절반의 시간이 사라지는 경우가 허다하다. 반대로 너무 오랜 시간 동안 일에 몰두하는 경우에는 쉽게 지치고 번 아웃이 가까워진다. 즉 "몰입의 시간 관리"가 들쭉날쭉해진다.

이를 해결하는 가장 효과적인 방식은 시간을 의식적으로 쪼개 일정한 리듬으로 일하는 습관을 들이는 것이다(몰입에 집중하는 환경 조성과 함께 꼭 필요한 습관이다). 이때 가장 널리 알려지고 실전에서 효과가 입증된 방법이 바로 "포모도로(뽀모도로) 기법"이다.

포모도로 기법은 25분 집중, 5분 휴식을 한 세트로 구성해 일정한 시간 리듬을 만드는 방식이다. 짧게 집중하고 짧게 쉬는 구조 덕분에 부담 없이 시작할 수 있다. 그리고 지치지 않으며 꾸준히 흐름을 유지할 수 있다. 초중고 시절 50분 수업에 10분 쉬던 시간표와 비슷하다. 회사에 다니면 동료와의 분위기나 회사의 규정이 시간 통제를 도와주지만, 혼자 일할 때는 그 역할을 스스로 만들어야 하기에 포모도로가 매우 유용하다.

책 한 권을 두 달 동안 집필해야 해서 하루 종일 집에서 글을 썼던 적이 있다. 당시에는 무작정 일어나자마자 책상에 앉아 글이 써질 때까지 버티며 타이핑을 했다. 배가 고프면 그게 몇 시든 상관 없이 식사했고, 졸리면 마찬가지로 쓰러져 잠을 자는 등 불규칙한 생활을 반복했다. 하지만 결국 "시간을 더 쓰는 게 능사가 아니다"라는 것을 깨달았다.

이후 포모도로 타이머 앱을 활용해 오전에 4세트 집중 업무 시간을 두기로 했다. 즉 25분 동안 집중해 자료를 수집하고 정리한 후, 5분 동안 스트레칭하거나 간단히 집안일을 하고, 다시 25분 동안 집필에 몰두하는 것이다. 이렇게 만든 집중-회복의 리듬 덕분에 짧지만 강도 높은 작업 흐름을 유지할 수 있었다. 이후에는 25분을 1시간으로, 5분 휴식을 10분으로 늘리거나, 2시간 이상 집중 후 30분 이상 휴식을 취하는 방식으로 확장하기도 했다.

포모도로 루틴의 핵심은 시간의 양이 아니라 집중의

경계선을 스스로 만들어내는 것에 있다. "끝날 때까지" 일을 하려고 하면 시간 개념이 모호해지고 흐름이 흐트러진다. 반면, "25분만 집중하자"고 시작하면 진입 장벽이 낮아지고 끝이 보인다. 그러면 심리적 안정이 된다. 짧은 시간에도 성과를 낼 수 있다는 경험이 쌓이면 더 큰 프로젝트에도 쉽게 몰입하는 있는 힘이 생긴다. 정해진 시간 안에 몰입하고 빠져나오는 구조는 혼자 일할 때 가장 무너지기 쉬운 "시간의 자율성과 책임감"을 균형 있게 잡아준다.

포모도르 기법을 실천하는 루틴을 다시 한번 정리해보자. ❶25분 타이머 앱을 활용해 1일 최소 4세트 운영을 목표로 한다. (추천 앱: Forest, Focus Keeper, Pomofocus) ❷1세트(25분) 안에 완성 가능한 구체적 작업 목표를 설정한다. "보고서 서론 작성", "이메일 3건 회신" 등이다. ❸5분 쉬는 시간에는 PC 화면을 보지 말고, 창 밖 보기, 물 마시기, 팔 돌리기 등 몸을 움직이는 회복 활동을 한다. ❹4세트가 끝난 후에는 산책, 간단한 식사, 스트레칭 등으로 15~30분의 조금 더 긴 휴식 시간을 넣는다. 에너지 재충전이다.

업무 종료와 회복(쉼) 잘하기

혼자 일하는 사람은 스케줄이 자유롭다. 정해진 출퇴근 시간도 없고, 점심시간도 유동적이며, 언제까지 일하라고 누가 강요하지도 않는다. 하지만 겉보기에는 자유로워 보이지만, 때로는 자유가 독이 되기도 한다. 자율의 끝이 무계획으로 이어지면, 무계획은 무한정 들어가는 업무 시간으로 연결된다. 그렇게 되면 일과 삶의 경계가 무너지고, 쉬는 시간에도 일을 생각하거나, 일하는 시간인데 집중하지 못하는, 혼란 상태에 빠지게 된다. 그래서 가장 중요한 것은 "언제 일할지"만큼이나 "언제 일하지 않을지"를 명확히 하는 것이다. 이는 단순히 휴식을 권장하는 개념이 아니라, 일을 효율적으로 완결 짓기 위한 전략적 제한이다.

일을 잘하는 사람은 무작정 오래 일하는 사람이 아니라, 정해진 시간 안에 몰입하고 나머지 시간은 철저히 회복에 쓰는 사람이다. 특히 오랜 기간 프리랜서로 활동하려면 지속 가능성이 핵심이기에, 회복의 시간은 선택이 아닌 필수로 운영되어야 한다.

알고 지내던 한 1인 개발자는 새벽부터 밤까지 거의 하루 종일 코딩을 반복하곤 했다. 처음에는 성과가 나는 듯했지만 2주쯤 지나자 작업 속도는 급격히 떨어졌고 버그는 늘어만 갔다. 결국 그는 작업 시간을 오전 9시부터 오후 3시까지로만 제한하고, 이후 시간에는 운동과 독서를 포함한 회복 루틴을 만들었다. 아이러니하게도 일하지 않는 시간을 정리하고 나서야 오히려 생산성이 눈에 띄게 높아졌다.

물론 업무 특성상 매일 기준으로 집중과 휴식을 취하는 것보다 주 혹은 월 단위로 집중적으로 일하고 조금은 길게 단절된 휴가를 보낼 수도 있다. 마감일이 중요한 창작자(작가, 만화가, 아티스트 등)나 컨설턴트 등은 거의 야근을 밤새듯이 몇 주 동안 한 다음, 수주 이상 충분한 휴식을 취하기도 한다. 중요한 것은 계속 일만 하는 것이 아니라, 의식적으로 일에서 벗어나 머리를 식히는 시간을 가지는 것이다.

혼자서 일할 때의 일정 관리의 핵심은 일정표를 해야 하는 일 중심으로만 채우지 않는 것에 있다. 혼자 일하는 사람은 휴식이 자동으로 주어지지 않기 때문에, "의도적으로 쉼을 일정에 넣어야" 자기 회복을 지켜낼 수 있다.

회복 시간은 신체 에너지는 물론이고, 감정 에너지까지 충전할 수 있는 활동으로 채워져야 한다. 단순히 눕거나 TV를 보는 것에 그치지 않고, 산책이나 명상, 가족과의 시간, 혼자만의 여행처럼 뇌와 감정에 진짜 휴식을 주는 루틴이다.

당장 실천해야 하는 루틴을 정리해보자. ❶하루 시작 시 업무 시간과 휴식 시간을 함께 캘린더에 입력한다. ❷일을 하지 않는 시간에는 디지털 기기와 업무 앱을 끈다. 퇴근 시간 이후에는 메일이나 업무 채팅은 가급적 하지 않는다. ❸업무 시작 루틴처럼 업무 종료 루틴도 만든다. 작업 파일 정리, 퇴근 메모 작성, 내일 업무 계획 등이다. ❹"오후 6시 이후는 아무것도 하지 않는다", "금요일 오후에는 쉰다" 같은 회복 규칙을 만드는 것도 도움이 된다. ❺회복 시간 동안에는 무슨 일을 할 것인지, 리스트를 만들어 두는 것도 좋다. 그러면 좀 더 알차게 시간을 보낼 수 있다. 걷기, 차 마시기, 좋아하는 음악 듣기, 창문 열고 바람 쐬기 등이다.

혼자 일하는 사람은 결과로 평가받는다. 상사가 알아서 점검해주지도 않고, 동료가 피드백을 주는 것도 아니다. 그래서 하루가 끝났을 때 스스로에게 반드시 물어야 한다. "오늘 무엇을 끝냈는가?" "내일은 어디서부터 다시 시작하면 좋을까?" 이 질문에 답하지 못하면 하루는 그저 흘러갈 뿐 축적이 되지 않는다. 중요한 건 얼마나 바빴느냐가 아니라, 무엇을 완성했고 어떤 통찰을 남겼는가다(여러 번 강조한 내용이다).

누적되는 마감 루틴 없이는 방향을 잃기 쉬우며, 성과를 평가할 기준조차도 사라진다. 그래서 중요한 습관이 "하루 마감 리포트"다. 무슨 특별한 노트(문서)를 만들자는 것은 아니다. 하루를 돌아보며 어떤 업무를 완료했는지, 어떤 작업에서 어려움을 겪었는지, 내일은 무엇부터 시작할지를 간단히 정리하는 루틴을 만들자는 것이다. 자기 점검이자 다음 날의 방향을 설계하는 나침반이 되는 행위다.

강연 준비를 하며 하루를 끝낼 때 나는 "오늘의 끝맺

음"(마감 리포트) 폴더에 다음과 같은 메모를 남긴다. ①강연 기획안과 목차 구성안, 클라이언트 확인 완료 ②강의 교안 구성에 필요한 기업 사례 3개 확보 → 내일 오전에 추가 2개 확인 ③슬라이드 구성에 필요한 다이어그램 샘플 체크 완료, 기업 사례 소개 시 필요한 기업 로고 png 파일 다운로드 완료 ④강의 자료 마감일과 현장 노트북 프레젠테이션 여부 내일 오후 체크 예정.

간단한 메모 하나만으로도 다음 날의 흐름은 훨씬 가볍고, 중간에 끊긴 일의 연속성도 자연스럽게 이어진다. 이처럼 마감 루틴은 하루의 마침표이자, 다음 몰입의 출발점 역할을 한다.

혼자 일하게 되면 피드백을 받을 수 없기 때문에, 자신의 데이터를 스스로 기록하고 축적해야 한다. 마감 리포트는 내가 어떤 루틴에서 흔들리는지, 어떤 패턴에서 에너지가 사라지는지를 발견할 수 있는 좋은 기반이 된다.

마감 리포트를 쓰는 좀 더 세부적인 사항을 정리해보자. 일과 마감 10분 전 "나만의 일일 리포트"를 작성하는 루틴이다. ❶오늘 완료한 일(Done), 어려웠던 점(Issue),

배운 점(Insight), 내일의 할 일 순위(Next) 등을 작성한다. ❷구글 독스, 노션, 메모 앱 등 편한 도구를 하나 정해 일관되게 기록한다. ❸"보고용"이 아닌 "생각 정리용"으로 쓴다고 생각한다. 흐름을 정직하게 담는 데 집중한다. ❹ 한 주가 끝나는 금요일 즈음, 그 주에 작성한 리포트를 보면서 반복되는 문제 등을 파악해 스스로 피드백을 하는 시간을 가진다.

피드백 루트 만들기

혼자 일하면 자유롭게 일한다는 장점이 있지만, 동시에 위험도 존재한다. "내가 잘하고 있는 걸까?", "이 방향이 맞는 걸까?"라는 질문이 떠올라도 이를 확인해줄 사람이 없다는 것이다.

직장에서는 상사가 피드백을 주고 동료가 눈치를 주며 일의 흐름을 잡아준다. 하지만 혼자 일할 때는 그런 "거울"이 없다. 그래서 더 쉽게 혼자만의 착각에 빠지기도 하고, 한 방향으로 질주하다 엉뚱한 길로 들어서기도 한다. 혼자 일하더라도 혼자 생각만으로 움직이지 않도록 피드백 시스템을 갖추는 것은 매우 중요하다. 즉 "의도적으로 외부 피드백 루트를 만들고 이를 가동하는 것"이다. 다시 말해, 혼자 일하더라도 사고와 평가의 프레임은 누군가와 연결되도록 해야 한다.

나는 원고를 집필할 때, 다음과 같은 3단계 과정을 통해 외부 피드백 루트를 만든다. 가장 먼저는 원고의 주제, 기본 개요, 구성에 대해 클라이언트와 세 차례 정도 피드백 과정을 거친다. 그다음으로 해당 주제와 관련된 뉴스 기사, 블로그, SNS, 유튜브 등을 참고하여 유사 사례를 검색·비교하고, 다른 관점은 어떻게 정리되는지를 살펴본다. 마지막으로 일부 원고 내용을 SNS나 브런치 등에 게재해 사람들 반응을 살핀다. 이렇게 하면 개인적 편향에서 벗어나고, 더 단단한 결과물을 만들어낼 수 있다. 혼자 판단하지 않기 위한 실천적 루틴이자 강령이라고 할 수 있다.

피드백을 "우연히 받는 것"이 아니라 "의도적으로 수집하는 것"으로 태도를 바꿔야 한다(앞서 피드백 잘 주고받기에서도 말한 적 있다). 피드백은 평가가 아니라 정렬이며 방향 조정이다. 혼자 일할수록 자기 확신이 가장 위험한 착각이 될 수 있음을 잊지 말아야 한다. 다시 한번 강조하는 것이지만, 피드백 시스템은 자신감을 깎기 위한 것이 아니라, 자신감을 더 정밀하게 다듬는 과정이다.

피드백 시스템을 만드는 방법을 좀 더 구체적으로 정리해보자. ❶신뢰하는 2~3명의 "비공식 피드백 파트너"를 만든다. 직장 동료, 업계 지인, 과거 프로젝트 팀원 등이면 좋다. 지나치게 가까운 사적 관계보다는 업무적으로 객관성이 있는 사람이 좋다. ❷피드백 문의를 할 때는 "어때요?" 대신 "이 부분이 특히 고민인데요"처럼 구체적으로 전달한다. ❸피드백 내용이 생각과 다르더라도 감정적으로 반응하지 않는다. 사실 여부와 맥락 중심으로 분석한다. ❹이미 내가 고려하거나 알고 있는 걸 지적하더라도, 말을 끊거나 이미 알고 있다며 넘어가지 않는다. 어떤 이유에서 그렇게 판단한 것인지 되물으며, 내 생각과 비교한다. ❺피드백을 받는 것에만 그치면 아무 소용이 없다. 반드시 적용할 것을 찾아서 반영하도록 한다.

2부

기본기를 키워주는
AI 활용

AI를 동료로 만들기

2022년 11월 혜성처럼 등장한 챗GPT 이후, 2023년은 사람의 말을 놀라울 정도로 잘 이해하고 능숙하게 답변하는 LLM(Large Language Model, 대형언어모델)의 품질에 모두가 감탄한 한 해였다. 그리고 2024년에는 챗GPT 이외 다양한 종류의 LLM 서비스가 나타났다. 이미지를 생성하고 회의록 작성과 문서 편집, 데이터 분석, 코딩을 하는 등 특정 업무에 특화된 생성형 AI 서비스들이 봇물처럼 쏟아져 나왔다. 그리고 2025년, 복잡한 프롬프트를 해석해 보다 어려운 문제까지 해결할 수 있는 RLM(Reasoning Language Model, 추론언어모델)의 등장까지 이어졌다.

AI가 생각하는 존재로 한 단계 도약하며 자율적으로 완결된 작업을 처리할 수 있는 "AI 에이전트" 시대가 본격화되고 있다. 이러한 AI 기술은 우리의 일 처리 방식에 비약적인 변화를 가져오는 중이다. 일의 기본기를 더욱 탄탄하게 하는데 AI를 잘 활용하는 것은 생존에 가까운 일이 되었다. AI를 어떻게 받아들여야 하고, AI 프롬프팅을 어떻게 구체적으로 하는 것이 더 나은 결과를 얻게 하는지 고민해보자.

AI 활용의 세 가지 원칙

궁금한 것이 생기면 검색창에 키워드를 입력하던 것에서 이제는 챗GPT 대화창에 질문을 던지고 답을 구하는 것이 자연스러운 일상이 되었다. 나 역시 글쓰기, 강의, 연구 등 다양한 업무에 여러 종류의 AI 서비스를 자주 활용한다. 퍼플렉시티, 라이너, 제미나이, 딥시크, 그록, 클로드 그리고 젠스파크, 냅킨, 감마, 헤이젠, 웜시컬 등 정말 다양한 AI 도구들이 업무 효율을 높여주고 있다. 요리할 때 조리 도구가 다양하면 요리가 더 빠르고 편리할 뿐 아니라 더 맛있는 결과를 낼 수 있듯, AI 툴을 적절히 활용하면 학업이나 업무를 훨씬 더 생산적으로 수행할 수 있다.

한 번 우리 자신을 돌아보자. 우리는 이미 리포트를 작성하거나 자료를 정리하고 데이터를 분석하는 데 챗GPT를 포함한 다양한 AI 툴을 사용하고 있다. 만약 AI 사용이 금지된다면 자료 정리나 분석, 보고서 작성 시간이 두 배 이상 늘어날 것이고, 결과물의 퀄리티도 절반 수준으로 떨어질 것이다. 마치 검색이 없는 세상을 상상

할 수 없듯, 이제는 AI 없는 업무 환경을 상상하기가 어렵다.

하지만 장인은 연장을 탓하지 않고 최고의 셰프는 값비싼 조리 도구가 아닌 기본기로 승부하는 것과 마찬가지로, AI 도구 역시 우리의 사고를 확장하고 작업을 효율화해주는 "보조 도구"일 뿐 우리의 핵심 역량을 대신할 수는 없다. 오히려 AI에 지나치게 의존할 경우, 우리의 창의성과 비판적 사고력이 점점 퇴화될 위험이 있다. 즉 "똑똑한 AI를 쓴다고 해서 내가 같이 똑똑해지는 것은 아니다"라는 사실을 기억해야 한다.

공부의 진짜 목적은 지식을 단순히 소비하는 것이 아니다. 전문성과 역량을 길러 특정 작업을 더 높은 수준에서 수행할 수 있게 하는 데 있다. 그런데 도구 자체에 지나치게 몰입하거나 의존하게 되면, 당장의 결과물은 화려해 보일 수 있으나 그 과정에서 축적되는 지식이나 경험은 오히려 줄어들게 된다. 마치 계산기에 익숙해지면 기본적인 셈의 원리를 잊고 암산 능력이 떨어지는 것과 같다. AI 역시 그런 점에서 생각하고 성찰하는 능력을 약화시킬 수 있다.

그렇다면 AI를 어떻게 활용해야 할까? 다음의 세 가지 원칙만 기억하자. 첫 번째, AI로 얻는 가치는 시간을 절약하는 것이 아니라, 더 나은 결과물을 만들어내는 데에 있다는 것을 명심하자. 시간 단축 자체가 목적이 되어버리면 산출물의 질은 떨어질 수 있다. 시간이 줄었다면, 그 여유 시간을 활용해 결과물을 리뷰하고 더 깊이 고민하는 것이 필요하다. 예컨대, 기존에는 10분 동안의 검색과 10분 동안의 고민으로 100의 인사이트를 얻었다면, 앞으로는 AI 사용으로 10분의 검색을 1분으로 줄이고 나머지 19분은 더 깊고 넓은 성찰로 100 이상의 인사이트를 얻는 데 활용해야 한다.

두 번째, AI를 통해 얻은 답에 집착하지 말고, 그 과정을 통해 내가 무엇을 얼마나 이해했는지를 돌아봐야 한다. AI가 제시하는 답은 "정답"이 아니라 "가설"이자 "참고 자료"일 뿐이다. 진정한 가치는 그 결과물을 받아들이는 과정에서 내가 얻는 인식의 깊이에 있다. 이를 위해서 챗GPT의 응답을 그대로 수용하기보다 끊임없이 질문을 던지고 비판적으로 바라보는 것이 중요하다. 3~4번으로 그치지 말고, 10번 이상 프롬프트를 조정하며 대화를 이어갈 필요가 있다는 뜻이다. 그럴 때 나의 사고도 깊어지고 확장된다.

단, 이렇게 긴 호흡으로 대화를 하다 보면 챗GPT의 답이 일관되지 않고 흔들리는 경우가 있다. 한마디로 엉뚱한 답을 할 때가 있다. 이때 AI가 내놓는 결과가 생각과 맞지 않더라도 "쓸데 없군" 이렇게 치부해 버리기보다는, AI와의 대화 여정 속에서 내가 얻는 인사이트가 무엇인지 계속 의미 부여를 하며 찾아가는 과정이 중요하다. 결과물이 아니라 대화 과정에서 내가 깨닫는 지식과 지혜에 집중하는 것이다.

그리고 이 문제(엉뚱한 답을 하는)를 해결하기 위한 나의 팁을 잠깐 얘기하자면, 주고받은 대화 중 내 의도에 맞는 부분만 따로 복사해서 새로운 대화창을 열고, 이 내용을 복사 붙여넣기를 한 후에 다시 대화를 나누는 것이다. 또는 다른 AI 서비스에 마찬가지 방식으로 대화 내용을 붙여 넣기를 한 후 다시 대화를 시작한다. 이렇게 함으로써 내가 원하는 일관된 관점으로 대화를 이어갈 수 있다.

이런 몇 번의 작업에도 답변 내용이 마음에 들지 않는

다면, AI의 "심층(딥)리서치"의 기능을 켜고 사용하거나 프롬프트에 "구체적인 근거와 팩트를 기초로 해서 일관된 답을 해달라"라고 요구를 할 수 있다(유료 기능).

AI 활용의 세 번째 원칙은 다양한 도구를 선택하고 조합할 줄 알아야 한다는 것이다. 챗GPT는 생성형 AI의 시작일 뿐이다. 마치 벽에 액자를 다는 데도 다양한 공구가 필요하듯, AI 역시 작업 목적에 따라 가장 적합한 도구를 골라서 사용해야 한다. 어떤 도구를 언제, 어떻게 사용할지 결정하는 것은 결국 사람의 몫이다. 그리고 언제 멈출지, 어디까지 맡길지 역시 사람이 해야 하는 의사결정이다.

지금까지 얘기한 세 가지 원칙에 유념해 AI를 사용한다면, AI는 우리 역량을 확장하고 지적 능력을 향상시키는 도구가 될 수 있다. 가치 있는 AI 사용의 바탕에는 도구를 사용하는 사람의 깊이 있는 이해와 성찰이 반드시 함께 해야 한다는 사실을 꼭 기억하자.

루틴으로 정리해보자. ❶AI에게 지시할 때는 "누구를 위한 것인지, 어떤 상황인지, 어떤 결과를 원하는지" 3요소를 반드시 확인한다. 예를 들어 "임원 보고용, 외부 리스크 대처, 세 줄로 명료하게" 이런 식이다. ❷마음에 들지 않는 결과가 나왔다면, "리프레이징"을 한다. "이건 너무 추상적이야. 더 숫자 기반으로 말해줘." 같은 추가 명령을 시도한다. ❸같은 내용의 질문을 두 가지 방식으로 AI에게 요청해보고 결과를 비교 분석한다. 어떤 지시가 더 효과적이었는지 나만의 "프롬프트 노하우"를 축적해가는 방법이다. ❹출력 결과를 그대로 사용하지 않고, 항상 "내 손으로 다듬는다"는 전제를 잊지 않는다. 초안은 AI가, 최종 조율은 사람이 담당한다는 기본 원칙을 유지한다.

AI에게 업무 위임하기

AI를 일상에 도입했다고 말하는 많은 사람들이 간과하는 중요한 착각이 있다. 바로 "내가 하던 일을 그대로 AI에게 시켜본다"는 생각이다. 문제는 그렇게 해서는 여전히 모든 일을 자신이 직접 처리하는 구조에서 벗어나지 못한다.

AI를 잘 활용하는 핵심은 "내가 하지 않고, AI에게 위임할 수 있는 것이 무엇인가"를 판단하는 능력에 있다. 즉, 내가 반드시 해야 할 일과 AI에게 맡겨도 되는 일을 명확히 구분하고, 그중 내가 하지 않아도 되는 작업을 과감하게 위임하는 것이다.

회의록 요약이나 보고서, 제안서, 이메일 등의 문서 초안 작성, 문서의 표준 서식 변환, 고객 응대용 메시지 초안 작성, 일정 정리 및 회의 의제 수집, 기획안 구성 요소 브레인스토밍 등의 업무는 AI에게 충분히 넘길 수 있다. 이러한 작업은 반드시 내가 직접 할 필요는 없으며, 결과만 검토하거나 마무리만 다듬는 수준의 관여로도 충분하다. 즉 "결정권자는 나, 실행자는 AI"라는 프레임으로 전환해야 한다. 중요한 것은 이 구조를 매일 단위로 실험하고 점검하는 습관이다.

"오늘 내가 하지 않아도 됐던 일은 무엇일까?" "이 업무는 처음부터 AI에게 맡겨도 괜찮았겠다" 이런 질문을 통해 AI에게 위임할 수 있는 업무 목록을 조금씩 늘려가는 것이 중요하다. 그러면 AI는 업무 재편을 가능케 하는 진짜 동료로 작동하기 시작한다.

나는 매번 반복적으로 하나증권에서 매수한 A사 주식, 한국투자증권에서 매수한 국내 B사, C사 주식 그리고 해외 D사, E사 주식, 더 나아가 빗썸에서 구매한 이더리움의 시세를 확인하기 위해 매번 개별 앱을 실행해서 손익 추이 체크를 하지 않는다. 대신 AI 에이전트를 통해 오전 10시, 오후 5시에 한 번에 수익률을 평가하고 일, 주, 월 단위로 평가손익을 자산별로 비교해 이메일로 보고하도록 요청한다.

이전에는 이런 일을 하려면 프로그래머에게 작업 요청서를 정리해 1개월가량의 시간과 비용을 들여 일종의 수익률 점검 프로그램을 짜야 했다. 하지만 이제는 챗GPT 에이전트나 젠스파크 혹은 커서와 같은 AI를 이용하면 간단히 할 수 있다. 에이전트가 증권사와 빗썸의 API 그리고 메일 발송 시스템을 연결해 위 내용을 자동화해서 정리하는 프로그램을 만들고 스스로 구동하기 때문이다.

이 외에도 브런치에서 내가 글을 포스팅하면 자동으로 번역하고 미국 서브스택(유료 콘텐츠 구독 플랫폼)의 내 계정으로 24시간 이내에 다시 포스팅 되도록 하는 것도 가능하다. 또 서브스택에 등록하지 않은 과거의 브런치 글도 2025년 7월 30일 이전 최신 글부터 순서대로 자동 업데이트하도록 할 수 있다. 이 모두 AI가 자동으로 프로그램을 짜주는 것으로 가능하다.

정말 편리해진 세상이다. 이제는 간단히 프롬프트 요청만으로 해결할 수 있다. 다만, 위 두 가지 작업 모두 내가 이용하는 증권사나 브런치, 서브스택 등에서 에이전트의 접근을 막거나 API를 제공하지 않으면, 정상적으로 작동하지 않는다. 또 잘 작동되다가도 갑자기 에러가 생기기도 한다. 이는 기존의 레거시 시스템이 아직 이 같은 AI의 접근을 허락하지 않거나 에이전트가 이들 시스템에 연결되는 과정에서 문제가 생기는 것으로, 향후 AI를 위한 프로토콜인 MCP(Model Context Protocol) 등이 좀 더 표준화되고 확산되면, 작동 과정의 에러는 최소화될 것이다.

정리해보자. AI에게 업무를 잘 위임하기 위해 필요한 습관은 다음과 같다. ❶하루 계획을 세울 때 "직접 할 일"과 "AI에게 맡길 일"을 구분하여 TO-DO 리스트를 작성한다. 예를 들면, 직접 할 일(회의 주재, 전략 설정), AI

에게 맡길 일(회의록 요약, 문서 초안 생성). ❷AI가 맡아도 되는 업무는 AI가 먼저 시도하게 하고, 결과물만 내가 검토하는 루틴을 만든다. ❸내가 직접 하면 30분, AI에게 맡기면 10분+5분(다듬기)이라면 무조건 AI에게 우선 배정한다. ❹내가 꼭 하지 않아도 되는 일 TOP3를 정리해, AI 위임 기준을 구체화한다.

더 나은 프롬프트 작성하기

챗GPT가 마치 내 말귀를 알아듣는 존재처럼 생각되겠지만, 사실은 입력된 텍스트를 기반으로 가장 적절할 것 같은 답변을 예측해 생성하는 확률적 언어 모델일 뿐이다. 즉 좋은 지시 없이 좋은 결과를 기대하긴 어렵다는 뜻이다. 결국 프롬프트를 잘 쓴다는 것은 AI와 협업할 수 있는 능력(기본기)을 갖췄다는 의미다. 이 능력은 단순히 문장을 잘 쓰는 것 이상의 역량을 요구하며, 업무의 맥락을 구조화하고 의도를 명확히 밝히며, 결과물의 형식과 톤을 세부적으로 지정할 수 있는 사고력과 표현력을 말한다. 우리는 이를 위해 1부에서 꽤 시간을 들여 "기본기"에 대해 알아봤다.

AI를 잘 쓰기 위해 소위 "프롬프트 엔지니어링"이라는 방식으로 학습하고 배울 필요까지는 없다. 이는 마치 1990년대 후반, 정보검색사 자격증이나 컴퓨터활용능력 평가처럼 컴퓨터와 인터넷 검색 서비스가 급속하게 보급되던 초기에나 필요했던 것일 뿐이다. 앞으로 AI 사용은 점점 더 쉬워질 것이다(인터넷 사용을 아무도 어려워하지 않듯이). 모델의 선택이나 프롬프트의 사용 역시 굳이 우리가 신경 쓸 필요가 없어질 만큼 알아서 잘 작동할 것이다.

그럼에도 꼭 기억해야 할 것은 AI 모델별로 같은 지시라도 결과물의 깊이, 논리 구조, 톤이 달라진다는 것이다. 일례로 퍼플렉시티는 "빨리 정리 해주는 대학원생", 챗GPT는 "고집쟁이 교수", 클로드는 "반듯한 박사", 제미나이는 "빠릿한 석사", 그록은 "수재 구루", 젠슨파크는 "다재다능한 팔방미인" 같은 특성이 있다.

사람도 전문가별로 또 전문가가 누구와 무슨 대화를 하느냐에 따라, 상황별로 답이 다른 것처럼 AI 역시 다르다. 심지어 같은 AI라 하더라도 모델(버전)에 따라 답변이 달라지기도 한다. 일례로 챗GPT 4-o와 4.5 그리고 o1, o3, o4의 답이 모두 다르다. 그런데 이런 모델 조차도 이제는 더 이상 사용자가 고민하지 않아도 될 정도로 AI가 자동으로 프롬프트에 따라 다르게 적용해서 답을 출력해준다.

실제 2025년 8월 GPT-5가 발표되면서부터는 더 이상 위와 같은 모델 구분이 사라졌다. AI는 인간의 의도를 더욱 더 잘 이해해 자동으로 알아서 버전을 채택하고 답을 제공한다. 그럼에도 설정 메뉴에서 "레거시 모델 보기"를 선택해 활성화하면(단, 유료 버전에서만 선택 가능) 내가 원하는 모델(버전)을 선택할 수 있다. 사용자에게 일종의 자유도를 준 것이다.

참고로, 아래는 내가 자주 사용하는 업무별 특화 AI 도구들이다.

업무 유형	추천 AI 도구 및 플랫폼
AI Agent	ChatGPT Agent, Claude CUA, Genspark, Manus
웹 페이지 기록과 메모 관리	NotebookLM
정보 탐색	Liner, Perplexity
마인드맵 & 아이디어 구성	Xmind, Whimsical, Miro, IdeaFlip
의사결정 지원	Rationale
보고서/슬라이드 정리	Gamma, Beautiful.ai, Wordtune, Slidebean
아이디어 수집·정제	Daglo, Napkin, Upmetrics
발표 영상 제작	HeyGen, Synthesia
회의록 정리	Clova Note, Otter.ai
팀 협업 관리	Wrike AI
통화/강의/회의/설교/인터뷰 기록과 요약	adot

정리하면, 프롬프트 작성의 핵심은 상호작용을 통해 AI를 점차 자신에게 맞게 조율해가는 데 있다. 처음부터 완벽한 문장을 쓰려고 하기보다 "이 문장은 너무 딱딱해", "이건 고객보다는 내부 보고용 같아", "예시를 하나만 추가해줘"처럼 작고 구체적인 피드백을 반복해 원하는 답에 점점 가까워지도록 하는 것이다. 잘 시키는 사람

이 잘 쓰는 것이고, 잘 쓰는 사람은 끝까지 고쳐가며 쓰는 사람이다.

더 나은 프롬프트 작성을 위해 습관처럼 실천할 것들을 정리해보자. ❶프롬프트 작성 세 가지 요소에서 하나를 더 추가해 총 네 개의 요소를 고려한다. "맥락(Context), 대상(Target), 목적(Purpose), 형식 및 톤(Format & Tone)"이다. 예를 들어, "팀장 보고용, 외부 고객 대상, 요약 중심, 친근하지만 신뢰감 있는 문장"이다. ❷프롬프트 요청 작업의 목적과 배경, 기대하는 결과물의 포맷과 내용 구성 등을 구체적으로 제시한다. 예시 PDF를 업로드한 후 "이런 식으로 최종 결과물을 작성해달라"라고 지시해도 된다. ❸복잡한 요청은 한 문장으로 해결하려 하지 말고, 프롬프트를 2단계 이상으로 분할한다. "핵심 아이디어 3가지 도출 → 각 아이디어에 대한 상세 설명 요청"처럼 작업 결과물이나 과정을 구분해서 요청한다.

팩트체크를 위한 AI 활용법

정보의 신뢰성과 정확성은 보고서, 발표 자료의 품질을 결정짓는 핵심 요소다. 기본 오브 기본이다. 그러나 방대한 데이터와 복잡한 출처를 일일이 확인하는 작업은 시간과 비용이 많이 든다. 최근 챗GPT의 딥리서치 기능과 젠슨파크의 팩트체크 기능은 이러한 검증 과정을 자동화·고도화하는 도구로 주목받고 있다.

다만, 이 두 기능은 일부는 무료로 일부는 유료로만 제공된다. 챗GPT는 현재(2025년 10월) 매달 최대 5회까지 "경량화된(Lightweight)" 기능 이용을 무료 사용자에게 제공한다. 유료 사용자는 더 강력한 "풀 모델(full model)"을 쓸 수 있다. 이러한 유무료 사용 기준과 횟수 등은 서비스 정책에 따라 자주 변경된다는 것에 유의하자.

먼저 챗GPT의 딥리서치 기능부터 살펴보자. 단순 검색이 아니라 여러 출처를 교차 검증한다. 예를 들어, 정책 보고서에 포함된 통계 수치가 최신인지, 인용한 연구의 결론이 원문과 일치하는지 등을 빠르게 확인할 수 있다. 예를 들어 "아래 보고서의 데이터와 수치가 최신 통계와 일치하는지 확인해줘"라는 지시와 함께 문서를 업로드하고, 딥리서치 모드를 활성화하면 최신 공개 데이터베이스·뉴스·학술 자료를 참조해 차이점과 근거를 표로 정리해준다.

젠슨파크의 팩트체크도 주어진 문서나 기사에서 사실 가능성이 낮은 주장, 과거 시점에만 유효했던 정보, 통계의 인용 오류 등을 찾아낸다. 과학 기사에 "전 세계 태양광 설치량은 2020년 기준 200GW"라는 문장을 점검하면, 2024년 설치량이 400GW 이상으로 늘어났음을 알려주고 출처 링크를 제공한다.

챗GPT의 딥리서치는 "문서 전체 검증"에 유용하고 (보고서, 정책자료, 통계 리포트 등), 젠슨파크의 팩트체크는 "문장·주장 단위 검증"에 최적화되어 있다(기사, 칼럼, 블로그 등). 이 두 도구의 장점은 속도와 범위다. 사람이 직접 검색할 경우 놓치기 쉬운 최신 자료나 다국어 출처까지 AI가 탐색해 논문·정부 보고서·국제기구 데이터 등을 근거로 제시한다. 특히 보고서나 원고 작성 시 인용 부호 뒤의 숫자나 지명, 연도 같은 디테일한 오류를 줄이는 데 큰 효과가 있다.

실제 어떻게 사용 가능한지 따라하기를 해보자. 먼저 챗GPT의 경우 ❶챗GPT를 실행한 다음 프롬프트 입력창에 "Deep research 모드로 아래 문서를 검증해줘"라고 지시를 한다. 혹은 대화창 "+" 버튼을 누르고 "심층 리서치"를 선택해서 프롬프트를 입력해도 된다. ❷검증할 문서를 업로드 한 다음, "아래 보고서의 데이터와 통계 수치가 최신 국가 통계, 국제기구 보고서, 뉴스와 일치하는지 검증해주고, 차이점이 있으면 표로 정리한 다음 출처 링크를 제공해줘"라고 분석 지시를 구체적으로 한다. ❸결과를 보며 오차 여부 등을 확인한다.

이번에는 젠슨파크의 팩트체크 사용법을 알아보자. ❶genspark.ai 접속하고 로그인을 한 다음, 메뉴에서 "Fact Check"를 클릭한다. ❷새 창에서 텍스트 입력 박스가 뜨면, 기사 전체를 붙여 넣거나, 특정 문장만 입력한다. ❸그런 다음 "Fact Check" 버튼을 클릭한다.

이 외에도 보고서 전문을 PDF로 변환한 후 이를 다른 AI(클로드, 제미나이, 그록 등)에 업로드 해서 "이 내용 중 사실이 아니거나 근거가 빈약한 내용이 무엇인지 확인하고, 무엇이 잘못되었고 바뀌어야 하는지 관련 근거를 알려주고 검증해줘"라고 해서 교차 확인을 하는 것도 좋다.

추론 기능 이용하기

보통은 질문하면, 즉시 답변하는 형태로 AI는 움직인다(질문 → 답). 그러나 복잡한 문제는 단순 지식 검색이나 짧은 연산만으로 해결하기 어렵다. 여러 변수를 고려해야 하거나 단계별 논리 전개가 필요하기 때문이다.

AI의 "더 오래 생각하기" 기능은 이런 한계를 보완하는 추론 특화 모드다. 이 기능은 한 번의 질문에 대해 AI가 더 깊이, 더 길게 사고하도록 설계됐다. 단순히 빠른 답을 내는 대신 문제를 여러 하위 단계로 분해하고, 가능한 시나리오를 비교·분석한 뒤 최종 결론을 도출하는 방식이다.

"해외 시장 진출 전략"을 단순 질의로 물으면 몇 가지 예상 가능한 팁만 나오지만, 더 오래 생각하기 모드에서는 "시장 분석 → 경쟁사 비교 → 법·규제 검토 → 진출 시나리오별 리스크와 기회 평가"의 순서로 논리를 전개 하며 각 단계별 근거와 데이터를 함께 제시한다.

추론 기능의 차별점은 속도보다 논리의 깊이다. 즉흥 적인 응답 대신, 체계적인 분석과 다각적 검토가 가능하 다. 그래서 복잡한 프롬프트를 추론으로 진행할 경우 짧 게는 수분, 길게는 수십 분 이상이 소요되기도 한다.

나는 주로 다음과 같은 업무에서 추론 기능을 자주 사 용한다. ①전략 기획: 신사업 타당성 분석, 정책 대안 비 교, 장기 로드맵 설계 ②의사결정 지원: 투자안 검토, 비 용·수익 시뮬레이션, 기술 도입 여부 판단 ③문제 해결: 복잡한 오류 원인 추적, 프로세스 개선안 도출, 다양한 이해관계자 관점의 해석.

단, 사용 시 유의할 점도 있다. 질문이 모호하면 불필 요하게 긴 답변이 생성되거나 분석 방향이 빗나갈 수 있 다. 따라서 목표·조건·제약 사항을 구체적으로 제시하는 것이 중요하다. 예를 들어 "3년 내 수익률 15% 달성을 목 표로 동남아 시장 진출 전략을 제안해줘. 자본금 50억, 현지 법인 설립은 불가해."처럼 상황을 명확히 하는 것이다. 그렇게 할 때 정확한 시뮬레이션이 가능하다. 이런 이유로 챗GPT에서는 추론 모드를 이용할 경우, AI가 한 번 더 자세한 요구사항과 조건에 대해 묻기도 한다.

그리고 추론 기능을 보다 효과적으로 사용하려면 한 번의 긴 질문보다 단계별 대화가 더 낫다. 먼저 1단계 분석부터 요청하고, 이후 결과를 바탕으로 2단계 세부 검토를 지시한다. 이렇게 하면 AI 사고 방향을 계속 조정할 수 있다. 또 중간 단계마다 "이전 단계의 결론을 기반으로 추가 분석"을 지시하면 불필요한 반복과 맥락 손실을 줄일 수 있다.

실제로 추론 기능을 이용해 문제를 해결하는 과정을 따라해보자. 과제는 "동남아 시장 진출 전략" 수립이다. 이를 무료 버전과 유료 버전으로 나눠서 어떻게 접근할지 살펴보자.

먼저, 무료 버전이라면 ❶프롬프트를 다음과 같이 입력한다. "3년 내 수익률 15% 달성을 목표로 동남아 시장 진출 전략을 제안하라. 조건은 자본금 50억, 현지 법인 설립 불가." ❷챗GPT가 제시하는 기본적인 아이디어 몇 가지를 확인한다. 그런 다음 "더 오래 생각하기 모드로 해줘”라고 지시한다.

유료 버전이면 ❶프롬프트 입력을 처음부터 좀 더 구체적으로 한다. “3년 내 수익률 15% 달성을 목표로 동남아 시장 진출 전략을 제안하라. 조건은 자본금 50억, 현지 법인 설립 불가임. 우선 1단계로 시장 분석부터 시작해줘.” ❷그러면 챗GPT가 별도의 지시 없이도 시스템적으로 더 긴 추론을 기본적으로 수행한다(GPT-4.1, GPT-4.5 같은 상위 모델). ❸분석 결과를 보고 추가 지시도 가능하다. “경쟁사 분석도 해줘.” “법·규제 검토를 추가해줘.” ❹맨 마지막으로, 최종 자료 작성 요청을 한다. “지금까지 분석을 종합해 최종 전략안을 보고서로 요약해줘.”

AI 캔버스로 문서 작성하기

오랫동안 직장인의 글쓰기(보고서, 기획서 등)는 한글, MS워드, MS파워포인트, 구글 독스 같은 전통적인 오피스 툴이 중심이었다. 그러나 최근에는 챗GPT의 캔버스 기능은 물론이고, 젠슨파크, 뷰티풀, 감마 등 AI 기반 문서·

스프레드시트·슬라이드 제작 서비스가 빠르게 확산되고 있다. 서비스는 단순히 문서를 한 방에 생성하는 것만이 아니라, 사용자의 목적·자료·스타일에 맞춰 자동으로 문서 구조와 콘텐츠를 변경 제안하고 작성해 준다. 그중 캔버스 기능은 일반 무료 버전에는 없는 것으로 현재는 유료 사용자에게만 제공되고 있다.

왜 워드·PPT 대신 AI 캔버스를 익혀야 하는 걸까? 나의 업무 기본기에 무슨 도움이 될까? 몇 가지 이유가 있다. 첫 번째는 "결과"보다 "과정"에 집중할 수 있도록 도와주기 때문이다. 워드나 PPT 등의 전통적인 문서 작성 소프트웨어는 목차 구성, 표 삽입, 디자인 맞춤 등 "형식 작업"에 많은 시간이 든다. 반면 AI 캔버스는 구조·디자인을 먼저 제안해주므로, 사용자는 "내용과 메시지"에만 집중하면 된다. AI 캔버스는 목적·대상·분량만 바꾸면, 즉시 새로운 형식을 제시하기 때문에 우리는 온전히 내용만 고민하면 된다. 그만큼 더 나은 결과물을 얻는데 도움을 준다.

두 번째는 협업 속도를 높여준다. 기존의 워드나 파워포인트는 작업자가 1차 초안을 만든 다음, 디자인 담당자와 숫자와 통계 등의 데이터 담당자가 각자 역할을 분담해서 문서를 다듬으며 작업해야 한다. 그렇다 보니 초안 완성이 되더라도 이를 보완하고 수정하는 과정에서 버전이 뒤엉켜 혼란을 겪는 경우도 생긴다. 하지만 AI 캔버스는 이런 과정을 크게 줄여준다. 처음 입력할 때부터 목차, 본문, 표·그래프, 슬라이드 레이아웃이 한꺼번에 제시되어, 작성자는 초안을 공유하고, 디자인 담당은 색감만 손보고, 데이터 담당은 수치만 업데이트하면 된다. 팀 전체가 같은 초안을 두고 피드백하니 협업 속도도 획기적으로 빨라지고, 문서의 완성도도 높아진다. 또, 아예 작성자 혼자서 AI와 함께 디자인 작업, 데이터 분석 작업 등을 할 수 있어서 참여 인원을 대폭 줄여주기도 한다.

세 번째는 업무 목적을 구조화하는 데 도움을 준다. 단순히 "보고서 작성해줘"가 아니라, 목적·대상·형식·분량·필수 요소를 명확히 입력해야 좋은 결과가 나오기 때문에, AI 캔버스를 쓰다 보면 자연스럽게 업무 목적을 구조화해서 정의하는 습관이 길러진다. 내가 이 문서를 왜 작업하는지, 이를 위해 무슨 내용을 채워야 하는지, 이 내용을 제대로 전달하기 위해서는 어떤 근거와 데이터,

그래프가 제시되어야 하는지, 또 어떤 형식으로 표현해야 하는지 끊임없이 되돌아보게 한다. 새로운 학습과 깨달음의 기회를 얻으면서, 전체 문서를 구조적으로 파악하는데 도움을 준다.

신사업 제안서를 만든다고 해보자. 기존 워드나 파워포인트에서는 목차 설계, 슬라이드 디자인, 데이터 차트 제작까지 모든 과정을 사람이 직접 해야 했다. 하지만 AI 캔버스에서는 "친환경 포장재 신사업 제안서 작성, 대상은 경영진, 15분 발표 분량, 시장 규모·경쟁 분석 포함"이라고만 입력하면 된다. 그러면 AI가 목차, 본문 내용, 표와 그래프, 슬라이드 레이아웃까지 자동으로 구성해준다. 이후 사용자는 내용 수정과 추가 자료 업로드만 하면 된다. 이처럼 미리 AI가 구성을 잡아주면 제안서 작성이 한결 수월하다. 단, 이때 반드시 위 프롬프트 하나만으로 결과를 끝내려 해서는 안 되고 AI가 생성한 문서를 기초로 계속 각 세부 항목에 대한 질문과 추가 지시를 프롬프팅 하면서 문서를 꼼꼼하게 수정, 보완해야만 한다.

그리고 업무 이해가 없거나 부족하면 이런 작업이 한두 번 만에 될 수가 없다. 결국 AI가 하는 것보다 내가 하는 게 더 빠르겠다는 볼멘소리가 나온다. 반대로 기본기를 갖추고서 AI를 활용하게 된다면, 더 나은 퀄리티에 더 빠른 속도로 제안서 작성을 할 수가 있다. 그래서 업무 초보자일수록 AI 이용으로 일을 빨리 마치려고 생각할 게 아니라, AI를 이용해 업무 이해도를 높이고 일의 기본기를 닦는다고 생각해야 한다.

한 번 실제로 해보자. ❶챗GPT의 캔버스(Canvas) 기능을 실행한다. 일반 프롬프트 대화창에서 입력받은 지시 사항에 따라 스스로 캔버스를 실행할 수도 있고, 프롬프트 입력 단계에서 캔버스 도구를 직접 선택해서 작업을 시작할 수도 있다. ❷캔버스 창에서 지시 사항을 입력한다. "친환경 포장재 신사업 제안서 작성. 대상은 경영진. 발표 시간은 15분 분량. 반드시 포함할 것: 시장 규모, 경쟁 분석." ❸AI가 제안서 항목을 자동 생성한다. 개요, 시장 동향, 경쟁 분석, 사업 아이디어, 재무 전망, 기대 효과 순으로 목차를 만든다. ❹결과물을 보면서 불필요한 항목을 삭제하고 강조하고 싶은 부분을 보강한다. 회사 내부 용어·톤앤매너로 표현을 변경하고, 추가 자료(내부 데이터, 사진, 기존 보고서 발췌 등)도 업데이트 한다. ❺최종 검토 및 편집을 진행한다. AI가 자동 작성한 데이터의 인용 출처를 확인하고, 기업 보안 가이드라인 준수 여부도 체크한다. 그런 다음 최종 제안서 파일(PPT, PDF 등)로 출력을 요청한다.

AI를 벗어나 외부 인터넷 서비스에 연결하기

기존의 AI 활용은 대화 창 내부에서 질문과 답변을 주고받는 폐쇄형 작업 환경에 머물렀다. 그러나 최근 챗GPT의 커넥터(Connector) 기능, 클로드의 MCP(Model Context Protocol)와 같은 표준 인터페이스 기술을 활용하게 되면, AI가 외부 인터넷 서비스·업무 시스템과 직접 연결되는 개방형 작업이 가능하다.

커넥터는 챗GPT가 구글 드라이브(클라우드 서비스), 드롭박스(클라우드 서비스), 슬랙(팀 협업 메신저), 지라(프로젝트 관리 및 이슈 트래킹 툴), 세일즈포스(CRM 플랫폼) 등 외부 서비스에 직접 접근해 파일 검색·문서 요약·데이터 분석·업데이트를 수행할 수 있도록 도와준다.

예를 들어, 영업팀이 "이번 분기 세일즈포스에 등록된 상위 20개 거래처의 매출 데이터 분석을 해줘"라고 챗 GPT에게 지시한다면, 연결된 세일즈포스 API를 통해 데이터를 가져와 분석 보고서를 생성한다. 그리고 프로젝트 매니저는 지라 커넥터를 통해 이슈 현황을 조회하고, 우선순위별로 팀별 할당표를 자동으로 작성한다.

클로드의 MCP는 더 확장된 방식으로 AI가 표준화된 프로토콜을 통해 외부 시스템·데이터베이스·API에 안전하게 접근하도록 설계됐다. 이를 활용하면 사내 ERP, CRM, 문서관리시스템, 심지어 IoT 센서 데이터까지 실시간으로 분석에 연결할 수 있다. 제조 현장 관리자는 MCP를 통해 설비 상태 데이터를 불러와, 예지 정비 보고서를 AI를 통해 작성하게 하고, 이를 ERP 시스템에 바로 반영할 수 있다.

이러한 연결 방식의 장점은 업무 자동화와 실시간 데이터 활용에 있다. 과거에는 사람이 직접 자료를 수집하고 이를 AI에 입력해 분석했다. 하지만 이제는 AI가 직접 데이터 소스에 접근해 최신 정보를 기반으로 결과를 제공한다. 보고서 작성, 재고 현황 분석, 고객 응대, 내부 규정 검토 등 반복 의존도가 높은 작업에서 특히 유용하다.

더 나아가, MCP 서버를 구축하면 AI가 기업 전용 데이터와 시스템에 안전하게 접근할 수 있는 맞춤형 연결 환경을 만들 수 있다. 이를 통해 내부 보안망 안에서만 접근 가능한 데이터베이스, 파일 서버, 분석 툴과 AI를 통합해 완전한 엔터프라이즈 AI 워크플로우를 구현할 수 있다. R&D 부서에서 MCP 서버를 통해 사내 연구논문 데이터베이스와 특허 검색 시스템을 AI에 연결하면 연구 기획자가 "자사 관련 최신 특허 동향과 경쟁사 기술 비교 보고서 작성"을 한 번의 지시로 AI로부터 받을 수 있다. 점점 더 이 일을 왜, 무슨 이유로 해야하는지 같은 본질적이고 기본적인 업무에만 집중할 수 있는 환경이 조성되는 것이다.

다만, 이러한 기능을 사용할 때는 보안·권한·접근 범위 관리가 중요하다. 모든 연결은 "최소 권한 원칙(Least Privilege)"에 따라 설정되어야 하며, 외부 API나 서비스 연결 시에는 데이터 전송·저장 과정에서 암호화와 로그 기록을 반드시 활성화해야 한다. 이는 개인이 할 수 있는 것이 아닌 만큼 기업 내 IT부서와의 논의가 필수적이다

(IT 부서는 "AI 요금제 + API 연동 + 보안 정책"을 먼저 준비해야 한다. 그러면 직원은 준비된 커넥터·MCP 연결 환경에서 자연어 프롬프트만 입력하면 된다.).

위에서 예시를 든 영업팀 직원이 챗GPT 커넥터로 세일즈포스 데이터를 불러와 분석하는 경우를 순서대로 한 번 살펴보자. ❶먼저 준비 단계로 IT부서나 관리자단에서 챗GPT 엔터프라이즈를 구독한다(관리 콘솔에서 커넥터 기능 활성화). ❷세일즈포스 계정을 챗GPT와 연결한다(OAuth 인증 또는 API 키 등록). ❸마지막으로 영업팀 직원 계정에 세일즈포스 읽기 권한을 설정한다. ❹지금부터는 직원 사용 단계다. 챗GPT를 열고 커넥터가 활성화된 워크스페이스에 접속한다. ❺그런 다음 "이번 분기 세일즈포스에 등록된 상위 20개 거래처의 매출 데이터를 불러오고, 성장률을 기준으로 분석해줘"라고 프롬프트 입력을 한다. ❻챗GPT가 자동으로 세일즈포스 API와 연결하여 데이터를 가져온다. ❼표와 차트 형태 분석 보고서가 생성된다. ❽살펴본 후 추가적으로 "PDF로 정리해줘" 또는 "경영진 보고용 요약본 만들어줘"라고 지시한다.

동료와 함께 사용하기

AI는 개인의 업무 속도를 높이는 데 그치지 않고 팀과 조직 전체의 생산성을 끌어올리는 데 강력한 협업 도구가 될 수 있다. 이를 위해서는 AI를 "혼자 쓰는 비공개 보조 도구"에서 "공유하고 이어서 활용하는 협업형 자원"으로 전환해야 한다.

챗GPT, 클로드, 퍼플렉시티 등 주요 AI 서비스는 AI와의 대화 내용(프롬프트와 결과물)을 공유 링크로 제공하는 기능을 지원한다. 마케팅 담당자가 AI로 신제품 제안서 초안을 만든 뒤, 공유 링크를 팀 채널에 올리게 되면 다른 팀원은 그 페이지를 열어 동일한 AI 환경에서 후속 질문을 던지거나 내용을 수정·보완할 수 있다. 이렇게 하면 초안 작성자와 후속 작업자가 동일한 맥락과 설정을 공유한 상태에서 작업하게 되므로 문서의 품질과 일관성이 유지된다. 결과적으로 "초안 작성 → 리뷰 → 수정"이라는 흐름이 단절 없이 이어지며 반복 입력과 불필요한 설명 과정을 줄일 수 있다.

내 경우에는 상사에게 보고와 발표를 많이 하는데, 최

종적으로 발표할 문서를 챗GPT에 업로드한 후, 이 보고서의 취지와 목적 그리고 핵심 메시지와 관점, 결과를 프롬프트로 넣은 후 "회장님, 사장님 그리고 각 직무별 CFO, CMO, CTO 등이 할 법한 질문을 알려줘"라고 AI에게 요청한다. 그리고 질문에 대한 답을 내가 올리고, "최종 문서에 해당 내용이 잘 담겨 있는지 확인해줘" 이렇게 비교를 요청하는 질문을 다시 한다. 그런 다음, 이렇게 주고받은 대화를 보고 전후로 상사에게 공유한다.

사실 회사에서 보고는 한 시간도 채 되지 않아 끝나고, 기껏해야 서너차례 정도 질의 응답을 하고는 의사결정이 이루어진다(보고서 작성에는 몇 날 며칠이 걸리더라도). 내가 아무리 보고서 작성을 잘 했고, 보고도 잘 했다 하더라도, 상사가 내용을 100% 이해했다고 보기는 어렵다. 그럴 때 상사는 보고자로부터 넘겨받은 챗GPT 링크를 통해 추가적인 이해를 구할 수 있다. 이때 AI는 보고자를 대신해서 답을 주는 존재가 된다. 물론 상사의 질문에 AI가 내놓는 답이 실제 보고자가 답하는 것과 100% 일치할 수는 없지만, 보고서를 바탕으로 했기 때문에 적어도 80% 이상 확률 정도로는 유사한 답을 내놓을 수 있다.

챗GPT 비즈니스나 엔터프라이즈 AI(유료) 등을 기업 내에 구축하게 되면, 이런 협업을 한층 더 강화할 수 있다. 조직 전용 GPTs를 만들어 팀 전체가 동일한 규칙, 문체, 업무 프로세스를 적용할 수도 있다. 즉 같은 대화창을 공유해 다른 동료가 무슨 프롬프트를 던졌는지 확인하고, 이어서 내가 추가 질문을 하면서 AI의 답을 함께 보면서 서로 정보를 탐색하고 지식을 같은 눈높이에서 쌓아갈 수 있는 것이다.

회사에서 엔터프라이즈 AI 버전을 도입하면 기업 전용 보안 환경에서 내부 문서와 데이터를 활용할 수 있는 만큼, 영업 보고서, 재무 분석, 기술 검토 등 민감한 정보가 포함된 작업도 안전하게 할 수 있다.

기존 협업 SaaS 툴 내에서의 AI 활용도 주목할 필요가 있다. 구글 워크스페이스, 슬랙, 노션, 컨플루언서 등은 AI와 연동하여 팀의 실시간 대화와 문서 작성 과정에서 AI를 바로 호출할 수 있다. 예를 들어, 슬랙 채널에서 "이번 주 고객 불만 주요 원인 분석"이라고 입력하면, AI가 대화 기록과 연결된 데이터베이스를 참조해 요약 보고서를 채널에 직접 출력한다. 노션에서는 회의 메모 페이지에서 AI 요약을 요청하고, 팀원들이 결과물에 코멘트를 달아 바로 후속 조치를 문서화할 수 있다.

AI의 공유와 협업 기능을 적극적으로 활용하면, AI는 단순히 각자의 "조용한 보조 도구"를 넘어 팀 전체가 함께 묻고 답을 나누며 개선을 이끌어내는 "대화형 파트너(동료)"가 된다. 같이 일하기의 기본기를 향상시켜 준다.

혼자 쓰는 습관에서 벗어나, 같이 쓰고 이어서 보완하는 구조가 자리 잡을 때, AI는 조직 전체의 생산성을 실질적으로 높이는 실무 자산이 된다.

챗GPT 팀즈와 엔터프라이즈 환경에서 조직 전용 GPTs와 공유 대화를 통해 협업 효율을 높이는 방법을 순서대로 살펴보자. ❶준비 단계로 먼저, 조직 관리자가 오픈AI 계정에서 팀즈·엔터프라이즈 플랜 결제를 해서 활성화를 시켜놓는다. 그런 다음 직원들의 회사 이메일로 초대해 팀 워크스페이스를 생성한다. ❷이제 조직 전용 GPT를 제작할 차례다. "좌측 사이드바 → Explore GPTs → Create GPT"를 클릭한다. ❸"GPT Builder"에서 이름, 규칙·톤앤매너, 도구 연결 등을 설정한다. ❹조직 전체로 공유한다. 이때 팀 전체 또는 특정 부서만 쓸 수 있게 접근 권한 설정이 가능하다. 그리고 대화 기록 공유 기능도 켜두어야 한다(모두가 같은 맥락을 이어갈 수 있도록). ❺이제 직원 활용 단계다. 챗GPT 워크스페이스 접속한 다음 "조직 전용 GPT"를 선택한다. ❻직원 중 한 명이 "이번 분기 마케팅 성과를 요약하고, 다음 캠페인 방향을 제안해줘"라고 프롬프트를 입력한다. ❼AI가 답변한 내용을 보고, 다른 팀원이 같은 대화창에서 이어서 입력한다. "위 제안에서 SNS 캠페인 부분만 더 구체화해줘." ❽모두가 같은 대화 히스토리를 공유하며 연속된 분석·브레인스토밍을 진행한다.

나만의 챗GPT 만들기

검색보다 대화가 익숙해지고 단순 입력보다 프롬프트
설계가 중요해진 지금, 우리는 AI를 통해 더 빠르게 일할
수 있게 되었지만, 그렇다고 해서 더 똑똑해졌다고 말하
긴 어렵다. 당장은 AI를 얼마나 자주 사용하느냐(익숙해
지느냐)가 중요하겠지만, 단순히 일을 잘하는 방법을 넘
어, AI와 함께 "업"을 만들어가는 차원에서 새로운 습관
에 대해 이야기하고자 한다.

여기서는 챗GPT 기준으로 설명하고자 한다. 그리고
프롬프트에 무엇을 넣어야 할지 충분히 예시(사례)를 들
어 직접 입력하는 과정을 단계별로 설명했다. 이미 잘 쓰
고 있는 분이라면, 개념만 익히고 따라하기 부분은 넘어
가도 된다.

나만의 챗GPT 만들기(1) - 셋팅하기

많은 사람이 AI를 매일 사용하지만, 정작 자신에게 딱 맞
는 방식으로 세팅해서 활용하는 경우는 드물다. 대부분
은 그때그때 필요한 작업이 생기면 챗GPT 창을 열고 매

번 처음부터 지시하고, 결과를 받고, 다시 수정을 요청하는 반복을 한다. 이런 방식은 AI를 일회성 도구로만 사용하는 접근이다.

이를 뛰어 넘어 "나만의 AI 동료"로 만들 수 있는 방법이 있다. 챗GPT를 포함해 여타 생성형 AI 서비스들은 개인 맞춤 설정을 이용해 AI의 기억, 역할, 말투, 스타일, 결과물의 포맷과 대화 태도를 입맛에 맞게 미리 정의할 수 있다. 이렇게 하면 모든 대화창에서 반복 지시 없이 내가 원하는 캐릭터를 가진 AI가 답을 하도록 만들 수 있다. 이는 단순히 개인화를 넘어, AI를 실질적인 "팀원"으로 데려오는 방식이다.

셋팅은 간단하다. AI를 어떻게 사용하고 싶은지, 결과물을 어떤 포맷으로 정리하길 원하는지, "개인 맞춤 설정"에 기록해두면, 앞으로 모든 대화창에서 설정한 값으로 AI가 답을 하게 된다("개인 맞춤 설정" 메뉴는 챗GPT 기준 나의 프로필 사진을 누르면 나온다).

나는 IT 트렌드 관련 콘텐츠를 자주 작성하므로, IT 컨설턴트의 관점에서 전문적이면서도 쉽게, 신뢰감 있는 문장 스타일을 기본으로 설정했다. 보고서 스타일은 항상 "3줄 요약 + 구조화된 본문 + 참고 링크" 형식으로 생성하도록 포맷을 지정했고, 피드백 요청 시에는 지나치게 긍정적인 표현보다 실질적인 개선점을 중심으로 제시하도록 했다. 그리고 글 분량은 A4 2페이지 정도로 하며, 개조식(단어 중심으로 요점 정리 식 글쓰기)이 아닌 해설체 방식으로 "~다"로 끝나도록 했다. 그리고 글을 읽는 독자는 IT 기술이나 용어에 익숙하지 않은 일반인을 가정하도록 했다.

이렇게 설정해두면 매번 같은 프롬프트를 반복 입력할 필요 없이, AI가 나의 "일하는 스타일"을 기억한 상태에서 곧바로 업무를 시작할 수 있다. 만일 특정 대화창에서 이 내용을 무시하고 챗GPT를 이용하고 싶다면, "맞춤 설정 값을 무시하고 답을 해줘"라고 하고, 대화를 시작하면 된다. 그리고 "맞춤 설정"을 어떻게 해야 하는지 모르겠다면, 챗GPT에게 질문을 해도 된다. 그때는 대화창을 열고 "그간 나와 주고 받은 모든 대화 내용을 기초로 개인 맞춤 설정에 각 항목의 내용을 기록한다면, 무슨 내용으로 넣으면 좋을지 추천해줘"라고 물어보면 된다. 그런 다음, 결과 값을 확인하고 일부 보완을 하면 된다.

"개인 맞춤 설정"을 어떻게 해야 하는지 알아보자. 어렵지 않고 간단하다. 챗GPT 기준으로 설명하면 다음과 같다. ❶왼쪽 하단의 프로필 → "설정" → "맞춤 설정(Custom Instructions)"에 나에 대한 정보를 입력한다. ❷AI가 대답하는 방식(톤, 스타일, 포맷, 길이)도 지정한다.

나만의 챗GPT 만들기(2) – 학습시키기

AI는 점점 함께 일하는 "동료" 같은 존재로 진화하고 있다. 회사에서 함께 일하는 동료와도 1개월, 1년 일하면서 서로 합이 맞춰져서 완벽한 호흡으로 일할 수 있게 되는 것처럼 AI도 그래야 한다. 그러려면 AI를 이용하는 방식을 고쳐야 한다. 한마디로 잘 길들여야 한다. 어떻게 해야 할까?

앞에서는 챗GPT를 사용하기 전 어떻게 나에게 맞춤해서 셋팅할 것인지에 대해 얘기했다. 이번 글은 챗GPT 사용 과정에서 어떻게 내게 맞춰서 길들일(학습시킬) 것인가다.

184

첫 번째, 명령이 아니라 대화라는 인식을 가질 필요가 있다. AI는 더 이상 "명령 → 실행" 구조로만 작동하지 않는다. 원하는 결과를 얻으려면 중간중간 방향을 조정하고 피드백을 주며 대화하듯 협업해야 한다. 처음에는 "이거 해줘"식의 명령과 요청을 하더라도, 점점 더 "이렇게 해봤는데 괜찮을까?", "조금 다르게 바꿔볼래?"처럼 함께 다듬어가는 과정이 중요하다.

두 번째, 실망 대신 훈련과 조정이 필요하다. AI는 학습 가능한 동료다. 처음부터 완벽하지 않다. 맥락을 설명하고 피드백을 주며 반복적으로 수정 방향을 잡아가야 한다. 이러한 작업이 많아질수록 점점 더 정확한 결과를 얻을 수 있다. 단순한 실망보다는 "훈련"의 관점으로 접근하는 것이다.

세 번째, 하나의 대화창에서 오랜 시간 프롬프트를 던지면서 같은 주제로 이야기를 나눈다. 깊은 대화를 나누면서 최종 산출물을 같이 만든다고 생각하는 것이다. 그러려면 내가 생각하는 최종 결과 값을 AI에게 알릴 필요가 있다. AI가 최종적으로 정리한 결과물을 기초로 해서 내가 마감한 내용도 프롬프트에 넣어 "이렇게 최종 정리했고, 이것이 내가 선호하고 기대하는 결과물"이라고 명확하게 알린다.

네 번째, 주제가 달라지면 대화창을 바꿔야 한다. 하나의 대화창에 입력할 수 있는 글, 문서, 이미지의 수에 제한이 있어 오랜 대화를 할 수는 없다. 그렇다고 너무 많은 대화창을 새롭게 열어서 대화하면 나도 AI도 혼란스럽다. 그래서 하나의 대화창에서는 하나의 주제로 대화를 나누는 것을 원칙으로 해야 한다. 그리고 선호하는 결과물에 대한 형식과 구성에 대해 주지시킨 다음, 마음에 드는 결과가 나오면 "메모리에 기억해둬"라고 지시한다.

"개인 맞춤 설정"의 "메모리" 메뉴를 이용하면 챗GPT가 나와 했던 대화 중 기억을 하고 있는 메모리 목록을 볼 수 있다. 여기에 기록된 내용이 챗GPT가 나에 대해 알고 있는 것들이다. 불필요한 것은 삭제할 수도 있고, 대화창에서 대화하는 도중 어떤 것을 메모리에 업데이트하라고 명령할 수도 있다. "그간 나와 주고받은 대화 내용을 기반으로 내 성향 등을 분석해줘"같은 요청을 한 다음, 이를 기억해, 라고 말할 수도 있다. 챗GPT에게 나를 인지시키고, 나를 위해 어떻게 일하라는 식의 무언의

186

규정을 내리는 것과 같다. 그리고 이는 언제든 "메모리 관리하기"를 통해 삭제 추가가 가능하다.

지금까지 얘기한 AI 길들이기 실천 루틴을 정리해보자. ❶AI가 만든 결과에 대해 항상 "좋은 점 1개 + 보완점 1개"를 피드백하며 개선을 요청한다. 단순히 "마음에 안 들어" 대신 "중간 흐름은 좋아, 근데 예시가 약해"처럼 구체적으로 요청한다. ❷수정이나 보완 요청 시에는 반드시 "이전 응답"을 기준으로 말한다. "방금 작성한 3단락을 2단락으로 줄이고, 더 강한 메시지로 바꿔줘"처럼, 기존 결과물을 언급하며 대화를 한다. ❸중간중간 "이 내용은 꼭 기억해", "메모리에 내가 준 피드백의 맥락과 내가 선호하는 방식에 대해서 업데이트해" 등으로 메모리 기능을 활용한다.

프로젝트별 만들기

많은 사람이 AI를 활용할 때 매번 새로운 대화창을 열고 즉석에서 자료를 붙이며 지시를 반복한다. 이런 방식은 간단한 질문에는 충분하지만, 장기간 이어지는 업무나 맥락을 유지해야 하는 프로젝트에는 비효율적이다. 예를 들어, 분기별로 진행되는 "시장 동향 보고서" 작업을 생각해보자. 매번 보고서 작성 시 과거 데이터, 참고 문서, 작성 규칙 등을 불러와 설명해야 한다면, 같은 지시를 반복하는 데에도 시간이 소요된다.

이때 "내 프로젝트" 기능을 사용하면 이런 비효율을 줄일 수 있다. 이 기능은 현재 챗GPT 무료 버전에서는 이용할 수 없고, 유료 버전(챗GPT 플러스·프로·비즈니스·엔터프라이즈)에서만 사용할 수 있다.

프로젝트 안에 필요한 "파일"과 "지침"을 미리 첨부해두면 AI는 모든 대화에서 동일한 맥락과 자료를 기반으로 응답한다. 예를 들어, "신제품 출시 기획 프로젝트"를 만든다고 해보자. 지난 제품 분석 보고서, 경쟁사 조사 자료, 사내 디자인 가이드라인 PDF를 함께 넣고 "출시 전략은 프리미엄 포지셔닝을 기본으로 하고, 소비자 타겟은 2030 여성층"이라는 지침을 기록해 둔다. 그러면, 이후 새로운 대화를 열어도 AI는 자동으로 설정을 불러와 전략 아이디어, 마케팅 카피, 보고서 구조를 일관되게 제안한다.

이 방식의 장점은 크게 세 가지다. 첫째, 맥락 유지다. 프로젝트별로 설정한 파일과 지침은 모든 대화에서 동일하게 적용되므로 중간에 팀원이 바뀌거나 시간이 흘러도 같은 기준으로 작업을 이어갈 수 있다. 둘째, 반복 작업 최소화다. 매번 자료를 붙이고 설명하는 과정을 줄여 바로 결과물 생성에 들어갈 수 있다. 셋째, 품질의 일관성 확보다. 특히 정책 검토, 기술 문서 작성, 교육 콘텐츠 개발처럼 세부 규정과 형식이 중요한 업무에서 프로젝트 기반 접근은 오차를 줄이고 완성도를 높인다.

단순 대화창을 열어 작업하는 방식은 즉흥적이고 빠르지만 장기적인 누적 작업에는 한계가 있다. 반면, 프로젝트 기반의 AI 환경은 "업무 전용 작업실"을 만드는 것과 같다. 책상 위에 필요한 자료와 규칙을 모두 올려둔 상태에서 매번 같은 책상에서 작업을 이어가는 셈이다. 게다가 프로젝트 내에 여러 개의 대화창으로 새롭게 창을 열어서 작업을 시작할 수 있다는 것도 매력적이다.

일반 대화창에서 대화하다 보면, 입력한 토큰이 부족해서 더 이상 대화 유지가 어려워 새로운 창에서 대화를 시작해야 하는데, 프로젝트는 주제에 대한 일관된 대화를 유지한 채 그 안에서 새 대화창을 열어 대화를 이어갈 수 있다는 장점이 있다.

나는 "자녀 교육"과 "재테크" 그리고 "책 집필" 이렇게 주제별로 프로젝트를 생성해서 운영 중이다. 자녀의 나이와 특징, 그간 성적과 학업 내역 등을 기록해두고, 학교에서 보내준 성적표 등도 모두 파일로 첨부해서, 아이와 관련된 대화를 AI와 나눈다(실제로 도움되는 정보를 AI가 많이 제공해준다). 재테크와 관련해서도 내 연봉과 연수익, 지출 내역과 부동산·동산 관련 자산 그리고 앞으로 지출 예상되는 교육비와 거주지 변경 등에 대한 것을 지침으로 기록해두고 대화를 한다.

한번 따라 해보자. ❶챗GPT 왼쪽 사이드바 "프로젝트 만들기"를 클릭한다. 그런 다음 프로젝트 이름을 입력한다. ❷오른쪽 상단의 "지침 추가"를 이용해 목적, 대상, 형식, 톤앤매너를 구체적으로 명시한다. "2030 여성층 타겟, 프리미엄 전략, 3줄 요약 + 본문 + 참고 링크" ❸동일 주제의 대화를 프로젝트 안과 일반 대화창에서 실행해 결과 차이를 비교한다. ❹프로젝트 작업 중 유용한 표현·구성은 지침으로 수시로 업데이트한다. ❺완료된 프로젝트는 템플릿으로 저장해 향후 유사 업무에 재활용한다.

역할별·주제별 만들기

챗GPT의 GPTs 기능은 특정 역할과 성격을 갖춘 "맞춤형 AI"를 직접 설계하고, 개인적으로 쓰거나 다른 사람과 공유할 수 있게 해준다. 이를 이용하면 역할별·주제별 전문 AI를 만들 수 있고, 협업 효율을 높이고 반복 작업의 품질을 표준화할 수 있다. 다만, 이 기능은 무료 버전에서는 사용할 수가 없고, 유료 버전에서만 사용할 수 있다.

GPTs 활용은 단순히 편의 기능이 아니라, 업무 방식을 바꾸는 핵심 습관이라고도 할 수 있다. GPTs 활용이 왜 중요한지 좀 더 살펴보자(앞에서 설명한 팀별 GPT를 생성하고 활용하는 것과도 유사하다).

첫 번째, 반복적 설명을 줄여 "집중력"을 지켜준다. 같은 업무를 할 때마다 규칙, 배경, 포맷을 다시 설명하는 건 생각보다 큰 피로를 만든다. GPTs는 이런 반복을 없애고, 처음부터 맥락이 반영된 결과를 제공한다. 이는 단순히 시간을 절약하는 것이 아니라, 내가 해야 할 "사고와 판단"에 집중할 수 있게 해준다.

두 번째, 작업 품질의 "일관성"을 유지시켜 준다. 팀이나 조직에서는 작성자에 따라 결과물(보고서 등)의 톤과 수준은 들쭉날쭉하다. GPTs는 항상 같은 기준과 규칙을 적용하므로, 문서·보고서·채용 공고 같은 결과물이 일관된 품질을 가진다. 결국 "내가 직접 하지 않아도 내 이름을 걸 수 있는 결과"를 만들어준다.

세 번째, "개인 역량"을 넘어 "팀 역량"으로 확장할 수 있다. 내가 만든 GPT를 팀원과 공유하면, 팀 전체가 동일한 속도와 수준으로 움직인다. 개인의 비법이 아니라 조직의 표준 습관으로 확산시킬 수 있다. 팀 내 업무 격차를 줄이고 신입이나 외부 파트너를 빠르게 조직의 기준으로 맞추는 도구 역할을 한다.

네 번째, "생각하는 습관"을 강화한다. GPT를 만들려면, 내가 원하는 업무의 목표·과정·출력 형식을 명확히 정의해야 한다. GPTs 설계 과정은 곧 일을 구조화하고 문제를 정의하는 훈련이 된다. 그리고 이는 AI가 대신할 수 없는, 앞으로 개인이 반드시 가져야 할 메타 역량과 직결된다. 이 또한 일의 기본기라 할 수 있다.

지금부터는 실전 사례로서 GTPs를 이용하는 다양한 사례를 살펴보자. 이를 눈으로라도 좇으며 순서를 익혀두면 향후 어떤 프롬프트를 단계별로 적용하면 좋을지 체계적인 사고를 하는 데 도움을 준다.

마케팅팀에서는 "프레젠테이션 도우미 GPT"를 제작해 슬라이드 구조 설계, 핵심 메시지 작성, 이미지 추천을 우리 회사 템플릿에 맞춰서 자동화할 수 있다. ❶GPT 생성 시작: ChatGPT → "Explore GPTs" → "Create GPT" 순으로 클릭한다. ❷GPT 기본 정보 입력: 이름으로 "프레젠테이션 도우미 GPT"를 지정하고 "마케팅팀이 발표용 자료를 빠르게 준비할 수 있도록, 회사 템플릿에 맞춰 슬라이드 구조와 메시지, 이미지 아이디어를 제안합니다" 설명을 넣는다. ❸역할과 톤 정의: "마케팅 콘텐츠 전문가, 프레젠테이션 전문가"이며, "전문적이지만 쉽게 이해되는 표현과 간결함 유지"로 한다. ❹주요 지침 설정: "제품 A 출시 관련 발표 자료를 만들어줘. 목표는 고객에게 신제품 장점을 강조하는 것. 슬라이드 10장 기준으로 핵심 메시지와 시각 자료 추천 포함." 반복 규칙으로는 "회사 템플릿 기반, 글머리 표보다는 간결한 문장 위주"를 입력한다. ❺파일 및 참고 자료 업로드: 회사 로고, 슬라이드 템플릿, 최근 발표 자료 PDF 등을 업로드한다. ❻테스트: "신제품 마케팅 전략 발표용 슬라이드 구조와 메시지 초안 만들어줘" 결과 확인 후 수정 사항 반영을 한다. ❼배포: 팀 내부 공유 링크 생성 후 팀원들이 동일 GPT 사용할 수 있도록 한다.

회의가 잦은 조직이라면 "회의록 정리 GPT"를 만들어 음성 파일이나 회의 텍스트를 업로드하면 주요 논점·결정 사항·담당자별 액션 아이템을 한 번에 정리할 수 있다. 이 과정에서는 우리 회사에서만 자주 사용하는 용어와 회의 특징과 목적을 정의해서 기업 맞춤으로도 설정할 수 있다. ❶GPT 생성 시작: ChatGPT → "Explore GPTs" → "Create GPT" 클릭 ❷GPT 기본 정보 입력: 이름을 "회의록 정리 GPT"라고 정하고, "회의 내용에서 핵심 논점, 결정 사항, 담당자별 액션 아이템을 자동으로 추출하여 보기 쉽게 정리합니다" 설명을 입력한다. ❸

역할과 톤 정의: "사내 회의 전문 기록자"로 역할을 정하고, 톤은 "간결, 명확, 필요 시 표 형식 사용"으로 정한다. ❹주요 지침 설정: "회의 녹취록 업로드, 참석자는 김 팀장, 이 과장, 박 사원이고 주요 논점, 결정 사항, 액션 아이템 구분해서 표로 정리하고 담당자별 책임 표시" 그리고 반복 규칙으로 "표 형식 유지, 문장 간결, 회의 목적 강조". ❺회의 파일인, 음성 파일 또는 회의 텍스트를 업로드 한다. ❻"이번 주 마케팅 회의 회의록 정리해줘" 지시를 하고 결과를 확인한다. ❼팀 공유 링크를 생성해서, 모든 팀원이 동일 포맷으로 회의록을 생성할 수 있게 한다.

한 번만 더 해보자. HR 부서라면 "채용 공고 작성 GPT"를 만들어 직무별 요구 역량과 기업 문화에 맞춘 공고문을 매번 같은 형식과 어투로 생성할 수 있다. 이 또한 순서대로 설명해보면 다음과 같다. ❶GPT 생성 시작: ChatGPT → "Explore GPTs" → "Create GPT" 클릭 ❷GPT 기본 정보 입력: "채용 공고 작성 GPT"로 이름을 입력하고, 설명으로 "직무별 요구 역량과 회사 문화를 반영한 채용 공고를 매번 일관된 형식과 톤으로 생성합니다"라고 입력한다. ❸역할과 톤 정의: 역할은 "HR 전문가, 카피라이팅 전문가"이고, 톤은 "친근하지만 전문적, 읽기 쉽게"로 정한다. ❹주요 지침 설정: "백엔드 개발자 채용 공고 작성. 요구 기술은 Python, AWS 경험. 기업 문화는 혁신적·자율적인 환경 강조. 글 길이는 A4 반 페이지 정도."로 설정한다. 반복 규칙으로 "항상 동일 구조(직무 소개 → 요구 사항 → 혜택 → 지원 방법)"를 요구한다. ❺파일 및 참고 자료로 기존 공고 PDF, 기업 문화 소개 자료 등을 업로드한다. ❻"프론트엔드 개발자 채용 공고 초안 만들어줘" 테스트를 거친 후 결과를 확인하고 조정을 한다. ❼부서 공유 링크 생성 후 배포한다.

이렇게 제작한 GPT를 조직 내부 공유용 링크로 배포하면 모든 팀원이 동일한 방식으로 활용할 수 있다. 사내 인트라넷에 "맞춤형 GPT 모음"을 게시해 부서별로 필요한 GPT를 선택해서 쓰도록 하거나, 프로젝트별 워크스페이스에 직접 연결해 즉시 호출이 가능하도록 만들 수 있다. 외부 파트너와 협업하는 경우에도 비공개 링크를 공유해, 협력사가 동일한 템플릿과 기준을 바탕으로 자료를 제출하도록 만들 수 있다.

지능형 업무 파트너, AI 에이전트

단순히 질문에 똑똑하게 답을 잘한다는 생성형 AI 수준을 넘어, "에이전트(Agent)"라는 개념이 빠르게 확산되고 있다. 알다시피, 일반적으로 우리가 지금 많이 쓰는 생성형 AI는 "사용자 질문 → 응답 생성"의 상호작용 방식이다. 이 방식은 매우 구체적이고 목적 지향적이지만, 사용자가 일일이 명령을 내려야 하고, 여러 후속 단계를 직접 지휘해야 한다는 한계를 갖고 있다.

반면, 에이전트는 직접 지휘의 한계를 넘어, 목표를 바탕으로, 스스로 작업을 여러 단계로 나누고 계획하고 실행한다. 예를 들어, 웹을 검색해서 자료를 모으고, 요약본을 만들고, 필요하다면 문서를 작성해서 제출하거나 이메일을 보내는 식이다. 그리고 도구 연계를 하고(단순 텍스트 생성뿐 아니라, 브라우저, API, 파일 시스템, 내부 앱, 플러그인·커넥터 등을 전방위로 활용할 수 있다), 중요한 결정이나 민감한 행동은 사용자에게 허락을 구하거나 확인을 요구하기도 한다. 또 하나의 작업을 여러 하위 작업으로 쪼개서 이어 나가면서 맥락을 기억하고, 진행 상태를 스스로 파악하고 조절할 수도 있다.

이런 특성은 "어떤 일이든 인간처럼 해내는 도우미 AI"에 가깝다. 챗GPT 개발사인 오픈AI에서는 "챗GPT 에이전트"가 "사고(Reasoning) → 수행(Action) → 실행(Execution)"을 연결하는 기능을 제공한다고 설명했다.

대표적인 에이전트 서비스에는 어떤 것이 있을까? 앞서 언급한 챗GPT의 에이전트 모드가 있고, 젠스파크가 있다. (2025년 10월 현재, 챗GPT 에이전트 모드를 사용하려면 유료 사용자여야 한다. 젠스파크에서는 무료 사용이 가능하나 일부 기능으로 제한적이다.) 챗GPT에서는 에이전트 모드를 통해 특정 목적에 특화된 기능을 활용할 수 있고, 젠스파크에서는 문서 작성, 스프레드시트, 이미지 편집, 동영상 생성, 팩트 체크, 전화 걸기 등을 할 수 있다. 단순히 프롬프트 창에서 대화하듯 AI를 이용하는 것이 아니라, 특정한 목적에 특화된 에이전트를 이용할 수 있다.

챗GPT의 에이전트 모드를 이용하여 여행 계획을 짜고 호텔과 항공편을 검색하는 등 컨시어지 서비스를 이용한다고 해보자. 최저가 항공편을 검색하거나 일정 금액 이하로 항공권이 나올 경우 알림을 주는 등 마치 개인

비서처럼 활용할 수 있다. 그리고 업무적으로는 도착한 메일을 자동 분류하고 메일 내용 중 일정 관련 내용은 캘린더에 자동으로 기입하고 기존 캘린더의 일정 기반으로 미팅 가능한 시간을 찾아주는 등의 작업도 가능하다.

따라해보자. ❶챗GPT 로그인 후 에이전트 모드를 활성화한다. 대화창에서 드롭다운 메뉴의 "에이전트 모드"를 선택하거나, 프롬프트 입력창에 "/agent"를 입력해도 된다. ❷여행 조건을 입력한다. "서울에서 도쿄, 10월 15일 출발, 3박 4일, 50만 원 이하 항공권 찾아줘." ❸에이전트가 외부 항공권 예약 플랫폼 서비스와 연결해 검색을 실행하고, 가격과 시간표 등을 비교해준다. ❹에이전트가 제안한 최적 옵션 제안을 확인한다. "대한항공 ○○편, 왕복 45만 원, 숙소 1박 8만 원"을 확인한다. ❺알림·조건 설정한다. "항공권이 40만 원 이하로 내려가면 알려줘"라고 지시한다.

추가로, 메일 관리 & 일정 자동화 에이전트 이용하기도 해보자. ❶에이전트 모드를 활성화한다. ❷메일 계정 지메일, 아웃룩 등을 연결한다. ❸메일 자동 분류를 지시한다. "프로젝트 관련 메일은 업무 폴더로, 광고성 메일은 홍보 폴더로 분류해.” ❹일정 추출 지시를 한다. “9월 10일 오후 2시 회의 → Google 캘린더에 등록.” ❺미팅 가능 시간 확인을 지시한다. “이번 주 수요일 오후 중 비어 있는 시간대 알려줘.”

그런데 개인이 실제로 이렇게 챗GPT를 갖고서 메일·캘린더·예약 플랫폼과 연결하려면, 외부 자동화 툴을 써야 한다. 개인이 가장 쉽게 할 수 있는 자피어 서비스를 이용하는 방법을 살펴보자. 자피어는 개인이나 기업이 여러 웹 서비스와 앱을 서로 연결하고 자동화(workflow)를 할 수 있게 도와주는 온라인 플랫폼이다.

❶지메일, 구글 캘린더, 슬랙, 노션 등의 계정을 자피어에 연결 한다(OAuth 로그인). ❷자동화 시나리오 만들기를 진행한다. 예를 들면 “지메일에서 메일 도착 → 챗GPT로 내용 요약 → 구글 캘린더 일정 등록”, “매주 월요일 9시 → 챗GPT가 회의 안내 문구 생성 → 지메일로 자동 발송”이다. ❸챗GPT는 자피어의 “OpenAI plugin”을 통해 연결할 수 있다.

에이전트를 보다 유용하게 업무에 활용하기 위해서 다음과 같은 실천을 해보자. ❶반복되는 업무 중 에이전

200

트에게 위임할 수 있는 항목을 정리하고 직접 실험해본다. 주로 회의록 요약, 초안 작성, 일정 조율, 고객 응대 문장 추천 등이다. ❷하루에 한 가지 업무는 "에이전트 퍼스트" 방식으로 접근해본다. "내가 하지 말고, 에이전트가 먼저 해보고 나는 다듬는다"라고 생각한다. ❸내 업무 중 AI가 대신할 수 없는 "감독자 역할"(타 부서간 업무 조율 등)을 좀 더 중요한 업무로 보고 잘 해결하려는 태도를 취한다. ❹팀 내에서 "에이전트 활용 사례"를 월 1회 공유하는 미팅을 운영하거나 슬랙 채널을 만들어 서로의 활용 경험을 아카이빙한다.

AI와 함께 일하는 시대

지금 인공지능은 단순한 도구를 넘어 자율적 파트너로 진화하는 전환점에 서 있다. 2023년부터 2025년까지의 AI는 텍스트 요약, 이미지·영상 생성 등 단일 작업(Task)에 최적화된 생성형 AI로 기능적 보조 역할에 머물렀다. 그러나 2025년 이후 AI는 주어진 명령을 수행하는 수준을 넘어, 스스로 목표를 설정하고 계획을 수정하며 협업하는 주체적 AI, 즉 "AI 에이전트"로 발전하고 있다.

AI 에이전트는 사용자의 지시(Prompt)를 단순히 따르는 대신, 명령(Command) 수준의 복합적 목표를 이해하고 스스로 실행 절차를 결정한다. 이때 에이전트는 단일 모델이 아니라, LLM·툴(도구)·메모리·계획·피드백 루프 등 여러 구성 요소가 상호작용하는 시스템으로 작동한다. 이러한 에이전트를 가능하게 만드는 근본 기술 기반이 바로 "에이전틱 AI"다. 에이전틱 AI는 여러 AI 에이전트를 관할하며, 에이전트간 연결 도움을 제공한다. 즉 AI 에이전트는 결과물이고, 에이전틱 AI는 그 결과물을 가능하게 하는 기술 프레임워크다. 비유하자면, AI 에이전트가 "요리사"라면 에이전틱 AI는 그 요리사가 창의적으로 요리할 수 있게 해주는 "주방 시스템"과 "레시피 생성 엔진"이다. 에이전틱 AI가 고도화되면 요리사는 단순히 정해진 레시피를 따르는 수준을 넘어 새로운 재료와 조리법을 설계하는 "수석 셰프"로 진화한다.

정리하면, AI 에이전트가 모델의 특성(글쓰기, 이미지 생성, 통계 분석 같은 직무에 특화된)에 맞춰 일의 기본기를 향상시켜주는 도구이자 파트너 역할을 한다면, 에이전틱 AI는 여러 에이전트를 통합하여 마치 나의 분신처럼 일하는 것이 된다.

에이전틱 AI의 기술적 진화가 본격화되면 향후 3년 내 기업의 일하는 방식은 근본적으로 달라진다. "직무 중심의 조직 구조"는 점차 유연한 "문제 해결 중심(Project-based) 체계"로 재편되고, 사람과 AI가 함께 문제를 탐색하고 해결하는 하이브리드 협업 환경이 표준이 된다.

AI가 데이터를 탐색하고 초안을 만들고 자동화를 수행한다면, 사람은 이제 어떤 AI에게 왜, 무엇을 시킬 것인지를 정의하고 AI가 처리한 결과에 대해 판단해서 멈출지 계속할지 등을 결정하는 역할을 맡게 된다. 바로 "실행자"에서 "지시자"로 바뀌면서 감독과 설계(디자인) 역량이 더욱 중요해지는 것이다.

조직도 달라진다. 과거에는 경영진이 지시하고, 태스크포스가 기안을 올리고, 몇 번의 회의를 거친 다음, 최종 결정을 내리는 선형적 프로세스가 당연했다. 그러나 AI가 본격적으로 도입되면, 업무는 더 짧고 압축된 주기로 이루어지고, "선 추진-후 보고"와 같은 병렬적 흐름이 확산된다. 이 과정에서 새로운 직무도 탄생한다. 에이전트를 조율하는 오케스트레이터, 프롬프트를 설계하는 아키텍트, 업무 흐름을 디자인하는 디자이너 등이다. 그리고 기업의 IT와 HR 기능이 융합되면서 내부에 AI 운영 부서가 새로운 조직으로 자리 잡는 일도 발생한다.

이러한 변화가 두려움으로 다가올 수도 있다. 그러나 이는 과거 자동차가 처음 등장해서 마차의 자리를 대체하는 것과 같다. 자동차로 인해 일자리가 사라질까 걱정했지만, 오히려 자동차는 새로운 산업과 직업을 만들어내며 문명을 도약시켰다. 마찬가지로 AI 역시 반복적이고 단순한 업무를 대체하는 동시에, 전혀 새로운 기회를 열어갈 것이다.

따라서 중요한 것은 기술을 거부하거나 두려워하는 태도가 아니라 AI와 협업하는 습관을 기르는 것이다. AI에게 질문을 잘 던지고, 중간중간 피드백을 놓치지 않으며, 적절한 반복 업무을 위임하고, 대신 나는 창의적 업무에 집중한다. 이러한 습관과 기본기를 갖추는 사람만이 변화를 주도할 수 있다. 그리고 리더라면 더더욱, 기술을 직접 경험하고 팀과 공유하며 조직 전체가 성장하는 곡선을 설계해야 한다.

AI는 더 이상 "도입하는 기술"이 아니라 "함께 일하고 길들여야 할 동료"다. 이제 우리는 질문해야 한다. "AI를 통해 무엇을 더 잘할 수 있어야 하는가?" 이 질문에 답할 수 있는 사람과 조직만이, 다가오는 AI 시대에도 변치 않는 기본기로 시장과 경쟁자를 압도할 수 있다.

정리해보자. 앞으로 우리는 AI를 필요한 용도에 맞게 호출할 수 있다. 망치, 톱, 드라이버 등의 각각 도구들을 필요한 목적에 맞게 선택할 수 있는 것과 같다. 더 나아가 AI가 제시하는 작업이나 업무 요구사항에 대해 수용 여부와 경중을 판단해 언제, 어떤 수준으로 진행할 것인지 명령을 내리고 이 결과물이 어떤 영향을 줄 것인지 내다보고 이에 대한 책임을 어떻게 져야 하는지도 가늠할 수 있다(있어야 한다). 마치 집 수리를 위해 "숨고"(필요로 하는 서비스를 제공하는 생활 매치 플랫폼)에서 추천한 전문가를 찾은 다음, 얼마에 언제 집수리를 맡기고, 이로 인해 얻게 되는 가치가 무엇인지를 판단할 수 있어야 하는 것과 같다.

마지막으로 AI를 잘 활용하는 최고의 팁을 알려주겠

다. 지금까지 내용은 다 잊어도 이것만큼은 꼭 기억했으면 좋겠다. 그것은 "AI에게 직접 물어보는 것"이다. 내가 어떻게 AI를 이용하면 좋은지 그것 자체를 물어보게 되면, AI는 최고의 답을 제공해준다. "내가 그동안 입력한 프롬프트와 주고 받은 대화를 기반으로, 내가 더 잘 사용할 수 있는 지침과 방안에 대해 자세히 알려줘."

AI를 이용하는 정해진 사용법이란 따로 없다. 점점 더 좋아지고 발전하는 만큼, 특정 매뉴얼에 의존할 필요가 없다. 직접 물어보는 것이 낫다. 다음의 질문도 많이 해보자. "앞으로 AI와 함께 협업하는 세상이 온다고 하는데, 사람인 나는 어떤 역할을 해야 해?" "AI가 일하는 사람의 기본기를 향상시켜주는 데 있어서 어떤 도움을 줄 수 있어?"

BH 061

AI 시대에도 변하지 않는 일의 기본기

초판 1쇄 발행 2026년 1월 15일

지은이 김지현

펴낸이 이승현
디자인 스튜디오 페이지엔

펴낸곳 좋은습관연구소
출판신고 2023년 5월 16일 2025-000257호
주소 서울특별시 마포구 월드컵북로 400, 서울경제진흥원 5층 18호

이메일 buildhabits@naver.com
홈페이지 buildhabits.kr

ISBN 979-11-93639-60-3 (13320)

좋은습관연구소에서는 누구의 글이든 한 권의 책으로 정리할 수 있게 도움을 드리고 있습니다. 메일로 문의주세요.